TAGE IM TUNNEL

DAS KZ - AUßENLAGER A1 LENGERICH

1944 -1945

NORBERT ORTGIES

URSULA WILM-CHEMNITZ

ISBN: 3-8311-2413-2

....

Herstellung: Books on Demand GmbH

....

Danksagung

Die Verfasser danken allen Personen und Institutionen, die sie mit Rat und Tat unterstützt haben. Neben den im Text und Anhang aufgeführten Zeitzeugen sind hier insbesondere zu nennen

Dokumentenhaus Neuengamme

Arbeitsgemeinschaft Neuengamme e.V.

Imperial War Museum

Berlin Document Center

Bundesarchiv

Kreisarchiv Steinfurt

Stadtarchiv Lengerich

Dr. Dietmar Klenke

Johannes Beck

Frank Holle

Zentralstelle Ludwigsburg

Ganz besonderer Dank gebührt **Harald Bürling** (Hannover). Als ehemaliger Lengericher und als engagierter Bürger unterstützte er unsere Arbeit jahrelang in jeder Form. Seiner unermüdlichen Suche ist die Auffindung wichtiger Quellen, die Aufdeckung manch interessanter Querverbindung zu danken.

Inhaltsverzeichnis

... darum blicken wir rückwärts auf die vielfältige Vergangenheit unserer Stadt, um daraus eine Andeutung des Kommenden zu vernehmen, anspornend und abmahnend in eine bessere Zukunft! [1]

„Das läßt einen nicht mehr los."

Es gab in Lengerich ein Konzentrationslager. Vor mehr als fünfzig Jahren bildeten der alte Reichsbahntunnel an der Schlesierstraße und das Gebäude des heutigen Centralhofes einen Lagerkomplex für KZ-Häftlinge. Rund 200 Gefangene aus verschiedenen europäischen Ländern, vorher Insassen des Hauptlagers Neuengamme bei Hamburg, mußten dort für die deutsche Flugzeug- und Rüstungsindustrie arbeiten. Das Lager bestand ein knappes Jahr, es wurde im März 1944 errichtet und im März 1945 kurz vor dem Einmarsch der Alliierten wieder aufgelöst.

Das damalige Geschehen hinterließ eindeutige Spuren - so findet sich der Name Lengerich in Dokumenten der heutigen KZ-Gedenkstätte Neuengamme: zum einen in schriftlichen Häftlingserinnerungen, zum anderen auch in den Totenbüchern.

Unmittelbar nach dem Einmarsch fotografierten britische Soldaten die ehemalige Arbeitsstätte der Gefangenen. Einige dieser Bilder sind in dieser Dokumentation abgebildet.

Auch die Verantwortlichen sind 1945 nicht alle plötzlich von der Bildfläche verschwunden, einer der führenden SS-Männer richtete sich beispielsweise seinen Wohnsitz gleich neben dem ehemaligen Dienstort ein.

---

[1] „800 Jahre Lengerich". Plakat zum 800-jährigen Jubiläum 1947, Text vom damaligen Bürgermeister Heinrich Hüsemann

Doch trotz all dieser unbestreitbaren Hinweise – wer in Lengerich mehr über das KZ-Außenlager wissen wollte, suchte lange Zeit vor Ort vergeblich nach Informationen. Wußte denn wirklich keiner etwas? Oder wollten die Menschen einfach nicht darüber reden? Gezielte Nachfragen unter ehemaligen und heutigen Lengericher Bürgern widerlegten später solche Vermutungen: Nicht jeder, doch auch nicht wenige brachen das Schweigen, schienen manchmal geradezu auf eine Gelegenheit gewartet zu haben, ihre Erlebnisse, Beobachtungen und Empfindungen mitzuteilen.

Allerdings trat keiner von sich aus an die Öffentlichkeit. Schließlich hatten die Überlebenden das Außenlager Lengerich schon einige Wochen vor dem endgültigem Bankrott des Dritten Reiches verlassen, ein Umstand, der das Vergessen förderte ... ein Vergessen, das immer mehr Züge einer Tabuisierung annahm. Das „KZ in der Kleinstadt?" Wer möchte schon seinen Wohnort, seinen Arbeitsort in Verbindung mit einem solchen Schandfleck der Geschichte erwähnt wissen? Anders ausgedrückt: Die ehemalige Existenz eines KZ-Außenlagers ist dem Image einer Stadt abträglich.

Eine zaghafte Abwendung von dieser Sichtweise dokumentiert die im Jahre 1996 angebrachte Gedenktafel am „Centralhof": Information, Erinnerung, aber auch Anregung zur Auseinandersetzung mit den erinnerten Tatsachen – das sind auch die Ziele der vorliegenden Broschüre.

Im Laufe von mehr als 15 Jahren versuchten sich einige engagierte Personen an diesem Thema, sammelten Dokumente, Zeitzeugenberichte, Fotos, weitere Informationen und trugen sie an die Öffentlichkeit– auch mit Hilfe der lokalen Presse. So veröffentlichte zunächst der Lengericher Heimathistoriker G. Schumann mehrere Artikel in den „Westfälischen Nachrichten".[2] Die 1986 erschienene Untersuchung von T. Muncke über die Nachkriegszeit im Kreis Steinfurt geht auf das Thema ein und stützt sich dabei u.a. auf einige wesentliche Primärquellen aus

---

[2] vgl. hierzu die im Literaturverzeichnis genannten Artikel

Aktenbeständen des Kreises.[3] Einen Einblick in die Verhältnisse um das KZ-Außenlager bietet auch Hans-Jürgen Millings 1999 veröffentlichte „Geschichte der Stadt Lengerich".[4]

Doch blieb das Bild vom ehemaligen Lager noch lückenhaft. Erst nachdem es gelungen war, lebende ehemalige Häftlinge zum Sprechen zu bewegen, fügten sich die vielen Einzelinformationen wie Puzzleteile zu einem Gesamtbild. Noch immer weist dieses Bild Lücken auf, konnte nicht jeder Widerspruch, jede offene Frage restlos aufgeklärt werden. Allerdings tauchten in den letzten Jahren – immerhin mehr als 50 Jahre nach Kriegsende – weitere Quellen und Dokumente auf, welche die Erinnerungen der Häftlinge bestätigen. Aufgrund des mittlerweile reichhaltigen Materials besteht berechtigte Hoffnung, „weiße Flecken" der Lagergeschichte doch noch aufzuklären – diese Veröffentlichung möchte dazu ihren Beitrag leisten.

„Das läßt einen nicht mehr los" äußerte spontan einer der Zeitzeugen im Gespräch über das Thema. Die Verfasser haben ähnlich empfunden und sich über Jahre hinweg bemüht, etwas Licht ins Dunkel der Außenlagergeschichte zu bringen. Leider liegt es in der Natur einer historischen Recherche, dass jede aufgefundene Quelle, jede gefundene Antwort gleich wieder eine Reihe neuer Fragen aufwirft. So schien sich die Arbeit lange Zeit ins Uferlose zu erstrecken. Zuständige Stellen fanden sich nicht immer sofort bereit, im erhofften Umfang bei der Aufklärung von Sachfragen zu helfen. Hinzu kam, dass das Lengericher Außenlager bis Kriegsende – als Produktionsstätte für Rüstungsgüter - den Status eines „Geheimlagers" hatte. Die zeitgenössischen Dokumente sind daher – wenn überhaupt vorhanden – relativ spärlich, gerade ihr Informationsgehalt mußte besonders kritisch überprüft werden: Fehlende oder vermutlich bewußt falsche Angaben dienten schon damals den Verantwortlichen zur Verschleierung der Fakten.

---

[3] Muncke, Thomas: Nachkriegsjahre im Kreis Steinfurt, Steinfurt 1986 (Schriftenreihe des Kreises Steinfurt. Beiträge zur Geschichte, Kultur und Wirtschaft. Hg.: Kreis Steinfurt)

[4] Milling, Hans-Jürgen: Geschichte der Stadt Lengerich. Bd. 5: Lengerich 1945-1955, Lengerich 1999 (Geschichte der Stadt Lengerich, Bd. 5. Hg.: Stadt Lengerich)

Die „Buchführung" großer wie kleiner menschlicher Gemeinheiten erzeugt bisweilen einen lähmenden Überdruß, der das Interesse an der historischen Wahrheit überlagern und verdrängen kann. Der Frage „Wozu das Ganze?" kommt deshalb besondere Bedeutung zu.

Das erste Ziel ist die Information der Öffentlichkeit über das ehemalige „KZ-Außenlager A1" im Reichsbahntunnel. Es gab und gibt in Lengerich zu diesem Thema spekulative Aussagen und Vermutungen. Sie reichen von: „Das war doch gar nicht so schlimm, das war ein Arbeitslager wie andere auch" bis zu „Das war ganz schrecklich, da sind Hunderte von Menschen umgekommen". Wer genauer wissen will, wie es wirklich war, kann es hier nachlesen.

Damit ist vielleicht auch der Grund gelegt, um ein weiteres Ziel zu erreichen: Die intensivere Auseinandersetzung der Bürger und Bürgerinnen mit dem Thema. Das ist in Lengerich für einen anderen dunklen Fleck der Ortsgeschichte schon geschehen: Die Geschichte der Verfolgung jüdischer Mitbürgerinnen und Mitbürger wurde dank der Initiative interessierter und engagierter Zeitgenossen – aber auch auf der Basis öffentlich finanzierter AB - Maßnahmen – bereits intensiv aufgearbeitet. Es besteht also Hoffnung, dass nun auch darüber nachgedacht wird, wie die Stadt mit den Ereignissen im Reichsbahntunnel umgeht, denn das Lengericher Tunnel-KZ ist nicht einfach nur Geschichte: Noch leben in Frankreich, in Tschechien und wohl auch anderen Ländern ehemalige Häftlinge. Entschädigungen sind zumindest den ausländischen Häftlingen bis heute noch nicht ausgezahlt worden.[5]

---

[5] So wandte sich noch 1999 in dieser Angelegenheit die Tochter des Frantisek S. an die Verfasserin. - Die neuesten Entwicklungen könnten vielleicht auch in dieser Frage eine Wendung zum Besseren bringen.

Einige von ihnen stehen oder standen mit den Verfassern in Briefkontakt, sie beobachten und verfolgen mit Interesse die Aufklärung der damaligen Ereignisse um das Lengericher KZ.

Einer der französischen Überlebenden schreibt:

„...obwohl mich Alpträume einige Ereignisse immer wieder erleben lassen, habe ich niemals geglaubt, dass die Deutschen die alleinigen Verantwortlichen waren, und dass die meisten Menschen, wären sie in eine gleiche Situation versetzt worden, ähnlich gehandelt hätten.[6]

---

[6]   Brief Robert B., 28.03. 1998

Wie kommt ein KZ nach Lengerich?

1943 - im Januar kapituliert die 6. Armee in Stalingrad, danach erobert die Rote Armee Stück für Stück sowjetisches Territorium zurück.

Im Mai 1943 endet der Afrikafeldzug mit der Gefangennahme einer Viertelmillion deutscher und italienischer Soldaten, im Juli fallen Bomben auf Hamburg - Auftakt für weitere massive Bombenangriffe der Alliierten gegen militärische und zivile Ziele in Deutschland.

Inzwischen dämmert der deutschen Bevölkerung, was der militärischen Führung schon länger klar sein muß: Dieser Krieg kann kaum noch gewonnen werden, wenn nicht so etwas wie ein Wunder geschieht.

Hitler und seine Führungsriege wollten dieses Wunder erzwingen. Zunächst galt es, die Auswirkungen des Bombardements aufzufangen, bevor alliierte Luftangriffe die deutsche Kriegsmaschinerie völlig lahmlegen konnten. Eilig eingesetzte Krisenstäbe, mit umfassenden Vollmachten ausgestattet, versuchten fieberhaft, die Rüstungsproduktion aufrechtzuerhalten.

Der so genannte „Jägerstab", zusammengerufen am 1. März 1944, sollte mit allen Mitteln die Produktion von Jagdflugzeugen steigern. Zwei Hauptprobleme waren dabei zu lösen: Die bombensichere Unterbringung der Produktionsstätten und das Finden geeigneter Arbeitskräfte.

Der junge, ehrgeizige SS- Ingenieur Kammler entwickelte einen groß angelegten Plan, um die wichtigsten Rüstungsbetriebe zum Schutz vor Bombenangriffen unter die Erde zu verlagern: Alte Bergwerkstollen, Gruben, Eisenbahnschächte und Tunnel sollten nun der Jagdfliegerproduktion dienen, selbst unter Autobahnbrücken richtete der Sonderstab Kammler Fertigungsstätten ein.[7] So kam auch Lengerich ins Spiel: Der alte Reichsbahntunnel am Ende der Schlesierstraße entsprach genau den

---

[7] Vgl. Fröbe 1985, S.34

11

Vorstellungen des Kammler–Stabes: 4500 m² unterirdische Fläche - seit Jahren stillgelegt und ungenutzt - schienen wie geschaffen zur Errichtung einer unterirdischen Rüstungsfabrik

Es gab viele solcher Fertigungsstätten, manche lagen gar nicht weit von Lengerich entfernt: Auch in Beendorf bei Helmstedt, in Hannover-Ahlem und in Porta Westfalica[8] mußten KZ-Häftlinge gegen Ende des Krieges Flugzeugteile herstellen - ein Hinweis auf die Dimension der Kammler-Planung.[9]

Das zweite Problem des Kammlerstabes bestand darin, Ende des Jahres 1943 noch Arbeiter in ausreichender Zahl aufzutreiben. Infolge der verlustreichen Kriegsjahre herrschte extremer Arbeitskräftemangel, und die Produktion von Flugzeugteilen erforderte Techniker und Handwerker, also Dreher, Schlosser und ähnliche Fachkräfte. Zu diesem Zeitpunkt gab es nur noch ein einziges Arbeitskräftereservoir, aus dem solche Facharbeiter rekrutiert werden konnten: Die Konzentrationslager.

Diese im Jahre 1943 bereits überbelegten Lager kämmte die SS jetzt regelrecht nach geeigneten Arbeitern durch. Insbesondere deutsche Fachkräfte waren begehrt – sie sollten die Vorarbeiterposten übernehmen.

Die komplette Planung für die Fertigungsstätte Lengerich war bereits zwei Wochen nach Gründung des Jägerstabs, am 16. März 1944, abgeschlossen.[10] Noch im selben Monat, am 29. März, erreichten erste Häftlingstransporte aus dem KZ Hamburg-Neuengamme den ehemaligen Bahnhof Lengerich–Hohne. Die Gefangenen wurden im Tanzsaal der nahegelegenen Gaststätte Brunsmann untergebracht. Die SS hatte die Gastwirtschaft kurzerhand zum Gefängnis umfunktioniert. Hier schliefen die

---

[8] Vgl. zum Außenlager Porta-Westfalica: Blanke-Bohne, Reinhold, Die unterirdische Verlagerung von Rüstungsbetrieben und die Außenlager des KZ-Neuengamme in Porta Westfalica bei Minden. Diplomarbeit Universität Bremen, 1984 (als Typoskript Porta Westfalica 1985). Vgl. auch Kaienburg 1997, S. 165

[9] Näheres zur Kammler-Planung in: Fröbe 1985

[10] Kammler-Planung, 16.03.1944

Häftlinge, von hier aus mußten sie ein knappes Jahr lang täglich den Weg zu ihrer Arbeitsstätte - dem stillgelegten Reichsbahntunnel – antreten.

Die Kammler-Planung legte detailliert fest, welche Baumaterialien nötig waren, um den Eisenbahntunnel in eine Fabrik für Flugzeugteile zu verwandeln: Das Bau- und Maschineneisen, die Rund- und Schnitthölzer, die 1200 t Zement und 60000 Ziegelsteine – all dies fanden die ersten Häftlinge bereits bei ihrem Eintreffen vor. Ausgeführt wurde das Projekt unter anderem von der Firma Diehl aus Essen, aber auch kleine örtliche Firmen beteiligten sich am Bauvorhaben.[11]

Der Ausbau des Tunnels dauerte von März 1944 bis Juni/Juli 1944. Anfang Juli nahm die Produktionsstätte dann ihren Betrieb auf. Einer der damaligen Häftlinge, der Ukrainer Nikolai S., erinnerte sich 1993 in einem Interview:

„Und der Transport ging nach Lengerich. (....) Vom Bahnhof sind wir etwa einen Kilometer entlang der Eisenbahn zu Fuß gegangen. Es gab dort einen hohen Berg, und in den Berg hinein führten zwei Tunnel. (....) Wir haben an der Seite des Tunnels kleine Gräben gegraben und mit Beton ausgegossen (...) Dann sind deutsche Maurer gekommen, die haben Ziegelwände bis unter die Decke gemauert. Und dann haben wir das Dach gemacht und mit irgend etwas gedeckt. Dann wurde der Boden betoniert. (...) Wir wurden zu großer Eile angetrieben. Die Werkbänke mußten schnell aufgestellt werden. Alles im Laufschritt. Zum Durchatmen wurde uns keine Zeit gelassen. (....) Und dann haben wir Werkbänke aufgestellt. Drehbänke... wurden in dem Tunnel aufgestellt." [12]

Die Geschichte des Lengericher Lagers läßt sich in zwei Zeitabschnitte gliedern: Die Ausbauphase, wie sie hier von Nikolai S. beschrieben wird, und die Betriebsphase ab Sommer 1944. Nach Abschluß der Ausbauarbeiten schickte die SS viele der Arbeiter – darunter auch Nikolai S. – wieder zurück in das Stammlager

---

[11]   vgl. Kammler-Planung, 16.03.1944
[12]   Nikolai S., Transkription S.14.

Neuengamme. Anfang Juli trafen neue Häftlinge ein und füllten so die Sollbelegschaft von geschätzten 200 Gefangenen wieder auf.

Woher kamen diese Männer und welches Schicksal verschlug sie ausgerechnet in ein KZ- Außenlager am Rand des Teutoburger Waldes?

Die „Zebras"

Eine gestreifte Hose und Jacke aus Zellwolle, eine barettähnliche Kopfbedeckung und Holzpantinen – so ließ sich ein KZ-Häftling schon von weitem gut erkennen und von einem Zwangsarbeiter unterscheiden.[13] Der lagerübliche Galgenhumor hatte für dieses Äußere den Begriff „Zebra" gefunden.[14] Eingenäht in die linke Brustseite der Jacke waren die Häftlingsnummer und der so genannte „Winkel" - ein farbiges, dreieckiges Stoffteil, dessen Farbe mehr oder weniger zuverlässige Hinweise auf den Haftgrund gab.

In dieser uniformen Häftlingskleidung steckten Menschen verschiedener Nationen und unterschiedlicher sozialer Herkunft - unter der NS-Herrschaft gab es zahlreiche Wege, die Menschen in ein KZ führen konnten:

Bereits seit der Machtübernahme 1933 verfolgte das NS-Regime politische Gegner – zunächst in erster Linie Kommunisten- und sperrte sie mit „gewöhnlichen Kriminellen" zusammen. Der „rote Winkel" ist Hinweis auf solche politischen Gefangenen. Von den Lengericher Insassen trugen beispielsweise die Deutschen Alfred R. und Gerhard H. diese Kennzeichnung.[15]

Der „grüne Winkel" dagegen – oft noch mit dem Zusatz B.V. (Befristete Vorbeugehaft) oder S.V. (Sicherungsverwahrung) versehen, stand dagegen für „gewöhnliche Kriminelle".[16] Von den deutschen Häftlingen im alten Reichsbahntunnel gehörten mehrere zu dieser Gruppe. Allerdings darf die von der SS vorgenommene Sortierung nicht ungeprüft übernommen werden, „kriminell" war

---

[13] Zwangsarbeiter gab es in Lengerich auch. Einer Quelle zufolge waren es etwa 1200 Russen, Polen und Niederländer, die in den großen Lengericher Firmen arbeiten mußten. (Vgl. Bericht des Lagerschreibers Herbert Schemmel vom 05.09.1979 „Außenkommando A1-Lengerich", Dokumentenhaus Neuengamme sowie Catalogue 1949, S.104, 428, 493.)

[14] vgl. Fröbe 1985, S. 254 und S.206

[15] Karteikarten von Häftlingen mit Transportvermerk, Hauptstaatsarchiv Weimar

[16] Das Kürzel B.V. wurde deshalb auch oft als „Berufsverbrecher" gelesen

schließlich gemäß der NS-Ideologie jeder politisch Andersdenkende. Nach dieser Logik konnte sich also ein „Politischer" den „grünen Winkel" einhandeln.[17]

Es gibt in Lengerich ein Beispiel, welches die Zuordnung durch die SS zweifelhaft erscheinen läßt. Der Fall des Häftlings Oswald B. zeigt, wie willkürlich die Winkelvergabe oft erfolgte: In den Akten aus Buchenwald wird er als „politisch" geführt. Allem Anschein nach hatte die SS den jungen Mann aus der Nähe von Siegen nicht etwa verhaftet, weil er sich politisch engagierte oder wegen krimineller Aktivitäten. Sein „Verbrechen" hieß vielmehr „Arbeitsscheu" - es fiel ihm wohl schwer, sich an einen geregelten Arbeitstag zu gewöhnen und pünktlich zu erscheinen.[18]

Ab 1941 stieg der Anteil der Osteuropäer in den Konzentrationslagern. Zunächst handelte es sich überwiegend um Kriegsgefangene, doch der Terror in den besetzten osteuropäischen Gebieten diente gleichzeitig zur Beschaffung dringend benötigter Arbeitskräfte für das Reichsgebiet:[19] Anfangs lockten die deutschen Werber noch mit falschen Versprechungen zum Arbeitseinsatz, später verschleppten sie die Männer nach Deutschland zur Zwangsarbeit. Schon geringfügige Verstöße gegen die Arbeitsordnung, Fluchtversuche oder Sabotage führten unverzüglich zur Überstellung in ein Konzentrationslager. Mit Beginn des Jahres 1944 konnten sogenannte Ostarbeiter sogar pauschal ohne Angabe von Gründen direkt in ein KZ eingewiesen werden.[20]

Nikolai S. berichtete, dass er 1942 der SS unweit seines Heimatortes Kiew bei einer Razzia ins Netz ging: Der damals 17-jährige fand sich dann in einem Zwangsarbeiterlager nahe Hamburg wieder, wagte einen Fluchtversuch, wurde ergriffen und in das KZ Neuengamme überstellt. In den folgenden Jahren schickte

---

[17] vgl. Kaienburg 1997, S. 26

[18] Mitteilung Harald Bürling nach einem Telefonat mit einer Angehörigen, 1990.

[19] vgl. Fröbe 1985, S. 12 und S. 20

[20] vgl. Fröbe 1985, S.194 ff.

man ihn von dort aus immer wieder in verschiedene Außenlager, und so führte ihn sein Weg im Frühjahr 1944 auch nach Lengerich.[21]

Dem Tschechen Frantisek S. erging es ähnlich: Zunächst verschleppten ihn deutsche Besatzer zur Zwangsarbeit ins Reichsgebiet. Aufgrund angeblicher Sabotage erfolgte dann im März 1943 die Einweisung in das KZ Neuengamme. Er gehörte auch zur Aufbaugruppe, die den Tunnel in Lengerich einrichtete, blieb aber im Gegensatz zu Nikolai S. bis zur Evakuierung des Lagers in Lengerich.[22]

In den letzten Kriegsjahren nahm die Zahl der KZ-Häftlinge in Deutschland rasant zu: Waren Anfang 1942 noch 70-80000 Menschen inhaftiert, so stieg die Anzahl im August 1943 auf 224 000. Im Januar 1945 warteten über 700 000 KZ-Häftlinge innerhalb des weit verzweigten KZ-Systems auf das Ende des Krieges.[23] Gefangene aus Westeuropa lieferte die SS ab 1942 in größerer Zahl ein: Die Militäraktionen gegen die europäischen Nachbarn im Osten und Westen und die Verfolgung ihrer Widerstandsbewegungen brachten es mit sich, dass sich auch Belgier, Niederländer, Dänen und später sogar Italiener im KZ-System wiederfanden.

Im besetzten Frankreich leistete die „Resistance" Widerstand gegen die Besatzer, die nichts unversucht ließen, diesen Widerstand zu brechen. Die SS sperrte die verhafteten Resistancemitglieder in ein Sammellager nahe dem kleinen Ort Compiègne bei Paris. Von dort aus verließen im Frühsommer 1944 mehrere größere Häftlingstransporte Frankreich in Richtung Neuengamme.[24]

Die meisten der französischen Häftlinge des Lengericher Lagers sind auf diesen Weg nach Deutschland gekommen. Der Flugzeugingenieur Robert B. schildert seine Verhaftung und den Transport:

---

[21] vgl. Protokoll des Interviews mit Nikolai S., S. 1-27

[22] vgl. Protokoll des Interviews mit Frantisek S., S.1-7

[23] siehe Kaienburg, Das Konzentrationslager Neuengamme 1938-45, S.27

[24] siehe Fröbe 1985, S. 189

„Ich wurde am nächsten Morgen verhaftet, als ich wieder in die Stadt gehen wollte. Mit vier anderen Männern wie ich. (...) Dann wurden wir per Lastwagen nach Montauban verschickt, danach in einem versiegelten Wagen ins Lager nach Compiegne, wo ich einige Tage blieb. (...)Wir wurden dann weiter verschickt, immer noch im verplombten Wagen, zu je 100 Mann pro Waggon, versehen mit einem Stück Brot und einem kleinen Stückchen Wurst, aber es gab nicht zu trinken. In meinem Waggon gab es einen kleinen Ausbruch: Vier oder fünf Gefangene konnten entwischen, bevor es bemerkt wurde. Wir wurden dann, mit der für die SS üblichen Brutalität, in einen anderen Waggon aus Metall verlegt, wo wir 90 – 95 Häftlinge eines anderen Waggons trafen, aus dem es auch einen Fluchtversuch gegeben hatte. Vor der Verlegung mußten wir uns ausziehen und abgeben, was uns von unseren Vorräten noch übrig war. Unter diesen einfachen Bedingungen mußten wir die Reise fortsetzen. Die Reise dauerte vier Tage. (...)Nachdem wir einige Tage in Neuengamme verbracht hatten, nachdem man uns durchsucht, geduscht, geschoren, desinfiziert und unter einer Nummer registriert hatte, (...) wurden wir in Quarantäne gesteckt. Anfang Juli sind wir neu gruppiert worden, um zum Außenlager/Kommando Lengerich zu stoßen. Vor der Abfahrt mußten wir uns die Kleidung von Zuchthäuslern anziehen. Die Reise in den verplombten Waggons dauerte einen Tag.“[25]

Es war gängige Praxis der SS, vor allem Neuankömmlinge in KZ-Außenlager zu schicken.[26] Da dies im Mai 1944 die Franzosen aus Compiègne waren und das fast fertig gestellte Lager in Lengerich gerade Arbeiter benötigte, erklärt sich so der hohe Anteil französischer Häftlinge in diesem Lager.

Die deutschen Häftlinge machten 1944 in Neuengamme kaum noch 10 Prozent der Gesamtbelegschaft aus. Das Lager in Hamburg reichte bald nicht mehr, um den

---

[25] Brief Robert B., 28.03. 1998

[26] vgl. Kaienburg 1997, S. 175

ständigen Zustrom an Gefangenen aufzunehmen. Seit 1942 gründete die SS in raschen Folge Außenlager im gesamten norddeutschen Raum, am Ende gab es allein 80 Außenlager des KZ Neuengamme.[27] Diese Lager hießen im offiziellen Sprachgebrauch: „Arbeitslager der Waffen-SS", geläufiger waren jedoch die Begriffe „Außenkommando" oder schlicht „Kommando".[28]

Bis zum Jahr 1943 lag der Zweck der Konzentrationslager darin, imaginäre und reale Feinde des NS-Regimes zu isolieren, dauerhaft einzuschüchtern, wenn nicht zu vernichten. Doch in den letzten beiden Kriegsjahren ging es der SS in erster Linie tatsächlich darum, die Gefangenen möglichst effektiv zur Arbeit einzusetzen. Notgedrungen, denn bei den verzweifelten Versuchen, die Niederlage abzuwenden, wollte man auf keine Arbeitskraft verzichten. So schrieb der Chef des Wirtschaftsverwaltungshauptamtes, SS- Obergruppenführer Oswald Pohl am 30. April 1942 an Heinrich Himmler:

„.... Der Krieg hat eine sichtbare Strukturänderung der Konzentrationslager gebracht und ihre Aufgaben hinsichtlich des Häftlingseinsatzes grundlegend geändert... Der Lagerkommandant allein ist verantwortlich für den Einsatz der Arbeitskräfte. Dieser Einsatz muß im wahren Sinne des Wortes erschöpfend sein, um ein Höchstmaß an Leistung zu erreichen".[29]

Für die Häftlinge bedeutete das: es konnte nicht nur vorteilhaft, sondern manchmal überlebenswichtig sein, sich als qualifizierte Arbeitskraft, zum Beispiel als Handwerker auszugeben.[30]

---

[27] vgl. Kaienburg 1997, S.10

[28] vgl. Kaienburg 1997, S.155

[29] Schreiben Oswald Pohls an Himmler und an die Kommandanten der Konzentrationslager, 30.4.1942, Nürnberg. Dok. 129-R, zitiert nach Kaienburg 1997, S.33

[30] vgl. Fröbe 1985, S. 196

Auch in Lengerich finden sich auffällig viele Handwerker und Techniker unter der ansonsten gemischten Häftlingsgemeinschaft. Vor allem Facharbeiter aus metallverarbeitenden Berufen waren vertreten.

Transporte aus anderen Konzentrationslagern dienten meist dazu, Arbeitskräfte innerhalb des KZ-Systems dorthin zu bringen, wo sie benötigt wurden.[31] Einige der Insassen wurden direkt „angefordert", zum Beispiel Häftlinge aus dem KZ Buchenwald: Laut Häftlingskarteikarten war Willy T. gelernter Schleifer, Fritz V. und Jakow K. hatten eine Schlosserausbildung. Die SS überstellte sie aus Buchenwald zunächst in das Stammlager Neuengamme, von dem aus es unverzüglich weiterging nach Lengerich.[32]

Wenn nun damals ein KZ- Insasse Schlosser oder Dreher als Beruf angab, mußte er nicht unbedingt jemals an einer Werkbank gestanden haben. Der Franzose Paul K. berichtet über einen Mithäftling in Lengerich:

„Letzterer (gemeint ist der Lehrer R.) erfuhr im Lager (Neuengamme), daß Männer mit einem Handwerksberuf häufiger besser dran waren als Freiberufler! Er hatte sich als Schlosser einschreiben lassen, natürlich bemerkte man schnell, daß er keine Feile halten konnte, und er hatte das Glück, daß ihm der Besen blieb."[33]

Im Stammlager Neuengamme teilte die SS den Häftling Paul K. zu den gefürchteten Erdarbeiten ein – eine kräftezehrende Schinderei bei völlig unzureichender Ernährung, die kaum jemand mehrere Monate überleben konnte. Nur seiner handwerklichen Ausbildung als Schlosser verdankte er die Abkommandierung nach Lengerich, die ihm unter diesen Umständen - wie auch vielen anderen Franzosen - als wesentliche Verbesserung seiner Situation erschien:

---

[31] vgl. Kaienburg 1997, S.75

[32] vgl. Häftlingskarteikarten mit Transportvermerk, Hauptstaatsarchiv Weimar

[33] vgl. Kern 19, S. 37

„ Sechs Wochen ertrug ich dieses Leben, und ich kann sagen, dass mein Beruf als Mechaniker mich rettete. Ich hätte niemals einen ganzen Winter bei den Erdarbeiten überlebt. Nach einer Untersuchung erhielt ich blauschwarz gestreifte Kleidung, äußeres Zeichen für das Glück, in einer Fabrik unter dem Kommando der Lagerverwaltung eingesetzt zu werden. (...) Die Ordnung war dieselbe, auch die Disziplin, 12 Stunden Arbeit am Tag, das gleiche Essen, doch die Arbeit war leichter. Wir schliefen besser: ein Bett pro Person. Mit 300 Menschen dauerte der Appell nicht so lange... Wir hatten einen französischen Arzt, Dr. Plait... Dank ihm ist keiner (der Franzosen; Anmerkung der Verfasser) gestorben im Lengericher Lager." [34]

In einigen Fällen hatte die SS wirkliche Spezialisten nach Lengerich schaffen können: Zum Beispiel den französischen Flugzeugingenieur Robert B. oder seinen Kameraden Maurice N. - auch er ein gelernter Flugzeugmechaniker.[35]

Heutzutage wird „Konzentrationslager" gedanklich fast automatisch mit dem Begriff „Judenvernichtung" gleichgesetzt. In Lengerich gab es jedoch keine jüdischen Häftlinge. Ein Grund dafür ist sicherlich, daß sich zu diesem Zeitpunkt nur noch wenige jüdische Gefangene im Reichsgebiet aufhielten. Die „Endlösung", der Abtransport der Juden in die großen Vernichtungslager, hatte längst eingesetzt. Dennoch – der gravierende Arbeitskräftemangel im Frühjahr 1944 führte sogar zu einem Rücktransport von insgesamt 10000 arbeitsfähigen jüdischen Männern und Frauen aus Auschwitz nach Neuengamme.[36] Auch diese Menschen setzten die SS in der unterirdischen Rüstungsproduktion ein: Die Frauen in Hannover-Langenhorn und die Männer im Geheimlager A12 in Hannover-Ahlem,[37] welches genau wie das Lengericher Lager zur Produktion von Flugzeugteilen diente.

---

[34] vgl. Kern, S.37

[35] vgl. Brief Robert B., 28.03.1998 und Brief Maurice N., 11.02.1998

[36] vgl. Kaienburg 1997, S. 82 ff.

[37] vgl. Kaienburg, 1997, S. 86

Die wenigen hier nachgezeichneten Wege zeigen die Verschiedenartigkeit der Gründe auf, die einen Menschen damals in ein Konzentrationslager bringen konnten. Entsprechend zusammengewürfelt erscheint die Häftlingsgemeinschaft im Lengericher Tunnel: Unter den Insassen befanden sich französische Widerständler – darunter Ärzte, Ingenieure, Lehrer; osteuropäische Landarbeiter, weiter die deutschen Häftlinge, darunter ein „Arbeitsscheuer", einige „Kriminelle", aber eben auch politische Häftlinge. Daneben finden sich zwei Belgier, ein Italiener und sogar ein Frankoschweizer unter den Gefangenen, schließlich zwei antikommunistische russische Emigranten aus dem Vorkriegsfrankreich [38] – und das sind nur jene, bei denen sich etwas über die Hintergründe der Haft in Erfahrung bringen ließ.

Von vielen Häftlingen ist nur der Name bekannt, entweder aus den Erinnerungen der Franzosen oder aus Sterbeurkunden und Totenbüchern. Die osteuropäischen Häftlinge bleiben zumeist namenlos. Trotz aller Recherche werden wohl Herkunft, Schicksal und Verbleib eines Großteils der Häftlinge im Dunkeln bleiben.

---

[38] Auszug "Liste des Deportes Lengerich" sowie Angles 1975, S. 142

Lange Tage, kurze Nächte

Das Lengericher Lager war ein Konzentrationslager mit Vorschriften und Regeln, wie sie für sämtliche KZ im Reichsgebiet galten. Diese Vorschriften, Strafen und Durchführungsbestimmungen wandte die Lagerleitung auch in Lengerich konsequent an. Nicht zuletzt deshalb kam es im Lengericher Lager zu eine Reihe von Todesfällen: Menschen starben durch Entkräftung auf dem Transport oder während der Evakuierung, durch Exekution wegen angeblicher Sabotage oder Fluchtversuchen. Bei Verstößen gegen die Lagerordnung wurden die Häftlinge oft bis zur Bewußtlosigkeit verprügelt.[39] Auch ohne solche Vorkommnisse bedeutete bereits der „normale" Lageralltag im Lengericher KZ harte Arbeit unter kräftezehrenden Bedingungen.

Außerhalb der Arbeitszeiten im Tunnel hielten sich die Gefangenen im ehemaligen Gasthof Brunsmann auf. Der Häftling Frederic B. erinnert sich:

„Der Tanzsaal sah folgendermaßen aus: der Blockälteste hatte seinen Sitz links vom Eingang, rechts standen Tische und Bänke (eine Art Arbeitsraum), der Rest des Saales war belegt mit Etagenbetten".[40]

Sein Mitgefangener Robert B. kann sich noch weiterer Details entsinnen:

„Die Betten waren Pritschen aus Holz von 50 cm Breite, bedeckt von einem dünnen Strohballen und einer dünnen Decke. Diese Pritschen waren dreistöckig angeordnet, immer zwei nebeneinander und in Gruppen zu sechs oder sieben Betten hintereinander aufgereiht. Zwischen jeder Reihe war ein Gang. Eine Pritsche diente für zwei Personen, aber da in zwei Schichten gearbeitet wurde, verfügte jeder über seine Pritsche zum

---

[39] Brief Robert B., 28.03. 1998

[40] Brief Frederic B., 12.02.1998

Schlafen. Ausnahmen waren der Schichtwechsel am Wochenende oder Umgruppierungen."[41]

Das Zweischicht-System sollte die ununterbrochene Produktion im Tunnel sicherstellen, also richtete sich der Tagesablauf der Häftlinge nach diesem Zwölfstundentakt. Für die Frühschicht begann der Tag noch in der Dunkelheit:

„Die Frühschicht stand um 4:30 Uhr auf, Zeit zum Waschen und für die Verteilung der „Zulage": Eine dünne Scheibe Brot, einige Gramm Margarine und ein Viertelliter „Kaffee", (das war eine schwarze Flüssigkeit, die durch Auskochen von Kartoffelschalen in viel Wasser gewonnen wurde), danach der Appell, der bis zu dem Moment dauerte, an dem wir zur Fabrik gingen."[42]

Die ständigen Appelle, also das namentliche Aufrufen der Häftlinge, waren eine vorgeschriebene und übliche Prozedur in allen Konzentrationslagern. Damit die SS ständig den Überblick über die Anzahl der Häftlinge behielt und sie bei etwaigen Fluchtversuchen sofort die Suche aufnehmen konnte, durchsetzten sie den gesamten Tagesablauf mit Appellen:

„Für die Appelle mußte man sich in Fünferreihen aufstellen. Um nun die Reihen zu zählen, verteilten der Kapo oder der SS- Mann einen Schlag in Höhe des Kopfes. Es war also besser, möglichst nicht am Rand zu stehen oder größer als die anderen zu sein. Das Zählen wurde immer von zwei Leuten gleichzeitig durchgeführt. Die Zahlen mußten immer übereinstimmen, sonst wurde der Appell noch einmal etwas brutaler durchgeführt. Die Appelle waren immer sehr lang und ermüdend, ihre Dauer war nicht selten von den Arbeitszeiten eingegrenzt. (...) Es gab viele Appelle, bei jedem Betreten und Verlassen des Tunnels, bei jedem Betreten und Verlassen des Lagers und sogar innerhalb des Lagers wurden einige Appelle durchgeführt."[43]

---

[41] Brief Robert B., 28.03. 1998

[42] Brief Robert B., 28.03. 1998

[43] Brief Robert B., 28.03. 1998

Auch bei Marcel A. findet sich eine Beschreibung des Appells:

„Um 5:30 Uhr Versammlung im Hof zum Appell und zur „Zeremonie der gestreiften Mützen": Auf Befehl mußten wir gleichzeitig unsere Mützen abnehmen und mit dem entsprechenden Arm wieder an den Körper anlegen, indem wir gleichzeitig mit der Hand auf den Oberschenkel klatschten. (...) Wir mußten das so oft wiederholen, bis die simultane Bewegung korrekt war. Dieses passierte, unvermeidlicherweise, nicht oft, und diese Herren zwangen uns, erneut anzufangen – und das dauerte und dauerte...

Dann kam aber immer noch nicht der Aufbruch zur Arbeit. Die Zählung folgte: Wir sind zu fünft in Kolonnen eingeteilt worden. Die Chefs der Mannschaften zählten uns. Die Kapos zählten uns erneut und dann war die SS dran, uns zu zählen. Die Herren verglichen ihre Resultate. Es paßte nie. Und man hat es wieder probiert. Das endete überhaupt nicht mehr. Das war eine wahre Komödie. Man darf nicht außer Acht lassen, dass sich das alle Tage abspielte, bei jedem Wetter: Egal ob Regen oder Frost oder Schnee..."[44]

Wenn sich die akribische Zählerei der SS vielleicht noch mit der Gefahr von Fluchtversuchen begründen ließe – für die „Zeremonie der gestreiften Mützen" läßt sich überhaupt kein sinnvoller Grund finden.

War der Appell endlich überstanden, marschierten die Häftlinge vom Saal Brunsmann aus in Richtung Tunnel. Die Wegstrecke betrug etwa 2 km, einige SS-Leute und Luftwaffenhelfer bewachten und sicherten den Zug. Zwar ein relativ kurzer Weg, doch die Kleidung war bei kalter Witterung alles andere als ausreichend. Frederic B. beschreibt die Ausstattung so: „Die Kleidung bestand

---

[44] Kern 1989, S. 94.Vgl. Angles 1975, S.148/149

aus einer Unterhose, einem Hemd, einer gestreiften Jacke und Hose, an den Füßen Klappern (Holzschuhe) aus Holz und Stoff."[45]

Manchmal stahlen die Männer gebrauchte Lappen aus den Werkstätten, um damit zumindest ihre Füße warm zu halten. Doch so etwas war riskant: Wer sich dabei erwischen ließ, riskierte die Prügelstrafe. Auch sonst scheint es typisch für die SS gewesen zu sein, auf der Einhaltung oft sinnloser Vorschriften zu bestehen. Darauf deutet die folgende Episode aus den Erinnerungen von P. Kern hin:

„ Ich erinnere mich besonders an einen Morgen. Es war noch Nacht, und es fiel etwa 30 cm Schnee; um zur Arbeit zu kommen und nicht allzu naß zu werden, sind wir nicht in den vorgeschriebenen Fünferreihen gegangen, sondern liefen dort, wo der Schnee ein wenig geschmolzen war. Der Wärter, einer der Luftwaffenangehörigen, lief hinten und ließ uns gewähren. An der Spitze marschierte einer der SS- Männer, der sich plötzlich umdrehte und bemerkte, dass wir die Formation aufgelöst hatten. Er begann seinen Kollegen als Schwein zu beschimpfen und drohte ihm, ihn ins Gefängnis zu bringen. Dann, um uns zu bestrafen, zwang er uns, uns in den Schnee zu werfen, etwa alle 20 Meter, so dass bei Ankunft an der Arbeitsstätte unsere armselige und einzige Kleidung so durchnäßt war, dass sie mehrere Tage feucht blieb."[46]

Um sechs Uhr morgens fand jeden Tag am Eingang des Tunnels die Ablösung der Nachtschicht statt, und die Frühschicht nahm ihre Arbeit auf. Im Tunnel bot sich den Häftlingen folgendes Bild:

„Die Fabrik war im Prinzip mit Fräsen ausgerüstet, außerdem gab es eine Drehbank, eine mächtige Presse, eine Bandsäge und eine Ansammlung von Geräten zum Schärfen und zum Reparieren von Sägeblättern. Das Ganze konnte auf ganzer Länge auf einem Waggon und einer rollenden Brücke

---

[45] Brief Frederic B., 12.02.1998

bewegt werden. In der Mitte der benutzten Tunnelseite gab es die WC und ein kleines Büro. Am Ende, die ganze Breite des Tunnels einnehmend, stand ein elektrischer Transformator. Am Eingang, der von einer schweren Tür verschlossen war, gab es eine kleine Schleuse und ich glaube, da war ein Büro und eine Krankenstation. Die Wände des Tunnels waren mit Bohlen verkleidet, die zwischen sich und der Tunnelwand einen kleinen Zwischenraum ließen. In diesem Zwischenraum liefen die elektrischen Leitungen, welche die Maschinen und die Beleuchtung versorgten. Dieser Schacht sollte sicher auch als Lüftungsschaft dienen und enthielt an einigen Stellen, etwa alle zehn Meter, elektrische Heizungen. Um die Maschinen in einem guten, funktionierenden Zustand zu erhalten, wurde ein Häftling damit beauftragt, die angesammelte Feuchtigkeit aufzuwischen und die Maschinen, was die Belüftung und die Temperatur angeht, auf einem gewissen Stand zu halten."[47]

Für diese Aufgabe wählte die SS unter den Häftlingen einen französischen Klimaforscher aus. Robert B. erinnert sich, daß der Mann einen auffälligen Spitzhut tragen mußte, vorgeblich, um seinen Kopf vor der herablaufenden Feuchtigkeit zu schützen.[48]

Das Belüftungs- und Heizungssystem sollte allerdings nicht in erster Linie den Häftlingen die Arbeit erleichtern, sondern die wertvollen Maschinen vor Korrosion und Verfall zu schützen.

Auf den Fotos der Alliierten läßt sich vieles noch so wieder erkennen, wie es vom französischen Ingenieur beschrieben wird.[49] Diese Bilder nahmen englische Militärs

---

[46] Kern 1975, S. 106

[47] Brief Robert B., 28.03. 1998

[48] Mündlicher Bericht Robert B., 30.08.1999

[49] Tunnel kurz nach der Evakuierung, links im Bild ein britischer Soldat, Imperial War Museum London BCE 4183

kurz nach dem Einmarsch in Lengerich auf. Wohin die Maschinen und die Ausrüstung dann später gebracht wurden, ließ sich bisher nicht aufklären.

Im Tunnel gab es verschiedene Arbeitsbereiche, und die Arbeiter wurden entsprechenden Abteilungen zugeordnet: Eine Gruppe hatte Profile für Tragflächen zu bearbeiten, ein anderer Teil arbeitete im hinteren Abschnitt des Tunnels. Robert B. hat diesen hinteren Bereich nie betreten, vermutet aber, dass dort für die Firmen VLM (Vereinigte Leichtmetallwerke Hannover) und ALDINGER Teile der V1 und V2 hergestellt wurden. Andere Berichte stützen diese Vermutung. Dass für die genannten Firmen gearbeitet wurde, ist sicher, denn sie werden ausdrücklich in der Kammler-Planung genannt [50] und stellten die sogenannten „Zivilchefs".[51]

Um 11 Uhr vormittags legte die Frühschicht eine Pause von etwa einer halben Stunde ein, die Gefangenen erhielten etwas Suppe, dann wurde weitergearbeitet bis zur Ablöse um 18 Uhr. Nach dem üblichen Appell der Tagschicht am Tunneleingang und dem Abmarsch zum Saal Brunsmann folgte dort wieder um 19 Uhr der Abendappell. Anschließend gab es noch etwas zu essen, wie sich einer der Häftlinge erinnert: „... ein Stückchen Brot von etwa 2,5 cm Dicke, mit ein wenig Margarine und einer Art Aufschnitt, 25 Gramm ungefähr, zusammen mit einer Tasse Kaffee."[52]

Während die Arbeiter der Tagschicht nun schlafen durften, arbeitete die Nachschicht währenddessen weiter, unterbrochen von einer halbstündigen Pause gegen Mitternacht, bis zum Schichtwechsel um 6 Uhr. Erst gegen 7 Uhr morgens konnten sie sich schlafen legen, um 11 Uhr mußten sie dann wieder aufstehen, bis 16 Uhr folgte Arbeitsdienst im Lager, dann ging es wieder in den Tunnel. Im Vergleich zu der Tagschicht bekamen die Männer der Nachtschicht also wesentlich weniger Schlaf.

---

[50] Kammler-Planung , 16.03.1944

[51] Vgl. Schumann, 5. 04. 1985 sowie Interview mit Josef K., 1.05.1991

[52] Brief Robert B., 28.03. 1998

Auch am Sonntag wurde gearbeitet, die Tagschicht arbeitete von 6 bis 12 Uhr, und nur am Sonntagnachmittag standen die Maschinen für 6 Stunden still, von 12 Uhr mittags bis 18 Uhr abends. Dann wechselte die Tagschicht über in die Nachtschicht und nahm ab 18 Uhr die Arbeit wieder auf. So ging es jede Woche. Selbst an den wenigen arbeitsfreien Stunden am Sonntag gab es kaum Gelegenheit zum Ausruhen. P. Kern schreibt:

„Wir machten eine Woche Tag und eine Woche Nachtarbeit, ich erinnere mich, dass wir nur alle zwei Wochen einen halben Tag Pause hatten: Sonntagnachmittag. Aber das war keine Erholung. Wir mußten uns waschen, und das war nicht gerade einfach. Wir besuchten dann den Frisör. In Lengerich war das ein Franzose, der Kamerad J.(...) Er mußte uns die Haare folgendermaßen schneiden: Zuerst die beiden Seiten des Kopfes und zwei Wochen später die Mitte des Kopfes glatt rasieren. Auf diese Weise trugen wir die berühmte und renommierte. „Autobahn". [53]

Anschließend mußten wir den Saal reinigen, in dem wir schliefen und aßen und es folgte die Austeilung sauberer Hemden. Das war die einzige Wäsche, die wir während der 8 Monate, die wir im Lager verbracht haben, wechseln durften.[54] Es stand gar nicht erst zur Debatte, ob wir unsere gestreiften Anzüge wechseln konnten. Wir hatten keine Socken oder Strümpfe." [55]

Die Lebensbedingungen im Lager lassen sich also wie folgt zusammenfassen: Die Nachtschicht bekam drei Stunden Schlaf pro Tag, die Tagschicht durfte etwas länger ausruhen, der Rest des Tages verteilte sich auf 12 Stunden Arbeit im Tunnel, An-

---

[53] Kern 1989, S. 95. Diesen auffälligen Haarschnitt mußten viele KZ-Häftlinge zur Identifizierung tragen. Durch die ungleichmäßige Haarlänge waren sie bei eventueller Flucht sofort zu erkennen. Vgl. Fröbe 1985, S.259

[54] Das zweiwöchige Waschen und Wechseln der Hemden ist äußerst ungewöhnlich für ein Konzentrationslager. Robert B. glaubt, daß es so etwas wahrscheinlich nur in Lengerich gab. Mündlicher Bericht Robert B., 30.08.1999

[55] Kern 1989, S.95

und Abmärsche, stundenlange Appelle, Arbeitsdienst im Lager sowie einige kurze Pausen zum Essen und zum Waschen. Hinzu kamen die unzureichende Ernährung, miserable Kleidung und schlechte hygienische Bedingungen in der Unterkunft.

Unterernährung, Schlafmangel, Kälte und die lange Arbeitszeit zehrten vor allem in den Wintermonaten an den körperlichen und gesundheitlichen Reserven der Gefangenen. Zu der physischen Belastung gesellte sich noch das Gefühl ständiger Angst und Bedrohung. Paul K. beschrieb diesen Zustand in seinen Erinnerungen:

„Der Nachttruppe fehlte Schlaf, und eben dieser Schlafmangel machte die Arbeit noch ermüdender. Zu dieser erschöpfenden Arbeit, zu diesem fortwährenden Hunger, der die Reserven vernichtete, zur Angst vor den Schlägen und vor den Bombenalarmen fügten sie den Schrecken der öffentlichen Exekutionen hinzu."[56]

Die Prügelstrafe war keine Seltenheit. Fast jeder der Zeitzeugen erinnert sich daran. Es gab eine Reihe von „Vergehen", für die man sich eine solche Strafe einhandeln konnte. Dazu gehörte das unerlaubte Tragen von wärmenden Fußlappen, das Verlieren der Mütze oder das zu langsame Ausführen eines Befehls. Mehrere Häftlinge erinnern sich auch an unerwartete Körperkontrollen beim Verlassen des Tunnels:

„ Von Zeit zu Zeit gab es überraschende Durchsuchungen am Ausgang des Tunnels. Vor allem Messer waren verboten. Wenn man davon eines fand, wurde es beschlagnahmt, und es gab 25 Schläge auf den Hintern, das war der unabänderliche Tarif jeder Bestrafung."[57]

Es finden sich gleichlautende Schilderungen des Ablaufs einer solchen Bestrafung. Die von Robert B. soll hier genügen:

---

[56] Kern 1989, S. 97

[57] Kern 1989, S.97/98

„...der „Schlag" war ein elektrisches Kabel mit 3 cm Durchmesser und 70 cm lang. Der zu Bestrafende mußte sich mit heruntergelassenen Hosen vorwärts über einen Tisch beugen, die Beine herunterhängend, zwei Assistenten mußten ihn in Position halten und mit aller Kraft wurde dann vom Kapo unter SS-Aufsicht auf das Gesäß geschlagen. Sehr oft wurde der Bestrafte vor dem Ende ohnmächtig, dann wurde er durch einen Eimer kalten Wassers wieder aufgeweckt und weiter ging es. Oft endete so etwas in der Krankenstation."[58]

Wer von den SS- Leuten diese Strafen festsetzte und sie im jeweiligen Fall verhängte, ließ sich bisher nicht klären.

Doch es konnte für einen Häftling noch schlimmer kommen. Ein Fluchtversuch, ein vermeintlicher oder tatsächlicher Sabotageakt bedeutete den Tod des Häftlings durch Erhängen. Auch das ist mehrfach in Lengerich geschehen.

---

[58] Brief Robert B., 28.03. 1998

Keinem gelang die Flucht

Nicht nur während der Ausbauphase des Lengericher Lagers, auch kurz vor der Evakuierung häuften sich die Fluchtversuche. Keiner dieser Versuche war erfolgreich, nie dauerte die Freiheit länger als ein paar Tage an. Wurde ein Flüchtiger erwischt, brachte ihn die SS nach Lengerich zurück und hängte ihn zur Abschreckung vor der versammelten Häftlingsgemeinschaft auf. Es gab auch zwei Fälle von Selbstmord in den ersten Monaten, zwei weitere Häftlinge starben offiziell an den „natürlichen Todesursachen" Herzschwäche und Sepsis. In mindestens einem, wahrscheinlich zwei Fällen mußten Gefangene wegen Sabotage sterben.[59]

Der erste in Neuengamme registrierte Tote des Lengericher Lagers war der Deutsche Oswald B. Er starb am 1.April 1944 vorgeblich an Herzschwäche, genau acht Tage vor seinem zwanzigsten Geburtstag. Wahrscheinlich ist er während oder kurz nach dem Transport ums Leben gekommen.

Zwei Tage nach dem Tod von Oswald B., am 12. April, wagte der gerade 19-jährige Russe Alexander Jurtschenko einen Fluchtversuch. In diesen Monaten setzte die SS die Gefangenen manchmal noch zu Außenarbeiten ein, wahrscheinlich um Bombenschäden zu beseitigen. Auf einem dieser Einsätze im Gebiet um Hörstel/Westfalen konnte sich Jurtschenko an einem frühen Nachmittag des 12ten April 1944 davonmachen. Vermutlich versuchte er, sich in Richtung Osten durchzuschlagen. Sofort setzte SS-Untersturmführer J. den Fahndungsapparat in Gang. Bereits am nächsten Tag telegraphierte die Stapo (Staatspolizei) Osnabrück an alle Stapoleitstellen in Deutschland einen Fahndungsaufruf:[60]

---

[59]   Schriftliche Quellen zu den hier aufgeführten Todesfällen: „Häftlinge der KZ-Neuengamme im Außenlager A1", „Aufstellung der KZ-Häftlinge", 14. 11. 1946, Akten der Staatsanwaltschaft Münster, Vernehmungsniederschrift Georg A.

[60]   BA, Potsdam, Dokumentfilmnr. 56 308, Aufn-Nr. 321 (Z) sowie Meldeblatt, 15.04.1944

„Betrifft: Fahndung nach russ. KL-Haeftling Alexander Jurtschenko, geb. 16.2.25, Haeftlingsnr. Neuengamme 25979 – Vorgang: ohne.

Der Obengnante (sic!) wurde am 12.4.44 um 14:00 Uhr bei Aussenarbeiten in Hoerstel/ Wstfalen (sic!) fuechtig (sic!). Beschreibung: 160 gross, kurz gekhoene (sic!) blonde Haare, rundes frisches Gesicht, graublaue Augen, nach aussen gebogene Nase, gesunde Zaehne, linke Handflaeche Taetowierung 1925 – traegt Straetlingshose (sic!), schwarze Jacke, die vermutlich gestohlen, blaue Schiffermuetze. Um Mitfahndung wird gebeten, bei Anteffen (sic!) Nachric (sic!) an Stapo-Adst Osnabrueck-... ."

Es muß für Jurtschenko äußerst schwierig gewesen sein, sich in der auffälligen Kleidung und mit dem Sträflingshaarschnitt mehrere Tage durch ein fremdes Land zu schlagen. Wir wissen nicht, welche Transportmittel Jurtschenko benutzte, ob und wie er Unterschlupf und Schlaf fand und wie weit er genau kam. Eines aber ist sicher: Bereits nach wenigen Tagen fand seine Flucht ein Ende.

Die SS brachte Jurtschenko zurück nach Lengerich, wo er am 19. April vor den versammelten Häftlingen aufgehängt wurde. Als Todesursache vermerkte der zuständige Arzt: Herzschwäche – bei einem 19jährigen. Sein Grab findet sich heute auf dem jüdischen Friedhof in Lengerich.[61]

Zwei Tage vor dieser Exekution, am 17. April 1944, kam der 21-jährige Dimitrij B. ums Leben. Im Totenbuch ist dazu „Freitod durch Erhängen" vermerkt[62], wobei sich die Frage stellt: Wann, wo und wie konnte ein Häftling, der ja zumeist unter ständiger Bewachung stand, überhaupt unbemerkt ein Seil oder etwas Vergleichbares stehlen und sich damit aufhängen?

---

[61] Aussenlager: Lengerich-AI, 19.04.1944 bis 29.06.1944

[62] Personalien der in Lengerich verstorbenen und beerdigten russischen Staatsangehörigen, 07.02.1946

Kaum eine Woche später, am 23. April 1944, starb der 24 Jahre alte Pole Josef B., auch hier vermerkt das Totenbuch „Freitod durch Erhängen" [63].

In der ersten Juniwoche gab es weitere Todesfälle. Am 6.Juni 1944 starben im Lengericher KZ der 24-jährige Russe Sergej O. und der 31-jährige Deutsche Paul B. aus Matern. Diese Toten sind zwar nicht im Totenbuch verzeichnet, wohl aber in den Gräberlisten des Heger Friedhofs in Osnabrück.[64] Ihr gemeinsames Todesdatum deutet auf einen gescheiterten Fluchtversuch hin. Der Grund, warum sich diese beiden Namen weder in den Unterlagen des Standesamtes noch im Totenbuch Neuengamme finden, ist mit hoher Wahrscheinlichkeit die Anweisung an KZ-Kommandanten vom April 1944:

„ Meldungen über Verlegungen, Todesfälle oder sonstige Veränderungen, die sowjetische Zwangsarbeiter in den KZ betreffen, fallen ab sofort weg."[65]

Am 16. Juni, also gerade 10 Tage später, erhängte die SS die beiden Deutschen Theodor T. und Fritz R. wegen eines Fluchtversuchs.[66]

Am Ende des Monats starb der Russe Jakow Kizin, 33 Jahre alt, an den Folgen einer Sepsis. Auch sein Name findet sich nicht mehr in den Unterlagen des Standesamtes, wohl aber noch im Totenbuch Neuengamme.[67]

In diese etwa dreimonatige Ausbauphase von März bis Juli 1944 fallen also auffallend viele Todesfälle und Fluchtversuche. Das spiegelt sich auch in der Aussage des Franzosen B. wider, der erwähnte, daß das „Kommando Lengerich" im Stammlager zeitweilig einen sehr schlechten Ruf hatte. Kranke Häftlinge hatten nach ihrem Rücktransport in das Stammlager Neuengamme ihren Mitgefangenen bereits über die Verhältnisse in Lengerich mittels des sogenannten „radio cuisine"

---

[63] Aussenlager: Lengerich-AI, 19.04.1944 bis 29.06.1944

[64] Gräberliste, 04.12.1970

[65] Weimann 1990, S. 127

[66] Archivauszug, 12.05.1997

berichtet – so daß die Franzosen ihrem Transport nach Lengerich bereits mit einiger Sorge entgegensahen.[68]

Anfang Juli 1944 war die Ausbauphase abgeschlossen, der Großteil der französischen Häftlinge traf in Lengerich ein. Auch deutsche Zivilarbeiter aus den Hannoveraner Leichtmetall - Werken kamen nun nach Lengerich, um die technische Aufsicht über die Häftlinge zu übernehmen. Von Frantisek S. wissen wir, dass nur ein Teil der Ausbaugruppe in Lengerich blieb.[69] Da sich die Lagerleitung an die Anweisung hielt, die weiteren Todesfälle nicht aktenkundig zu machen, sind ab Anfang Juli 1944 an die Aussagen der Zeitzeugen die einzigen Informationsquellen.

Den hinteren Tunnelausgang, durch den wahrscheinlich einige Häftlinge in den ersten Monaten noch ihre Flucht riskierten, ließ die SS nun abdichten. Robert B. erinnert sich, dass ein Häftling es dennoch probierte:

„ Während meines Aufenthaltes in Lengerich gab es nur einen Versuch: ein Gefangener, ein Russe, glaube ich, hatte versucht sich unter den Brettern des elektrischen Transformators zu verstecken. Er bekam einige starke Stromstöße ab, die ihn teilweise schwer verbrannten, was wiederum die Kontakte unterbracht, wodurch er gefunden wurde. Er wurde nach Neuengamme geschickt, gepflegt und bei seiner Rückkehr ins Kommando (nach Lengerich) vor der versammelten Gruppe am Flaschenzug aufgehängt"

...wir haben auch versucht, zwischen den Bohlen und der Mauer des Tunnels hindurch zu schlüpfen, aber das führte zu nichts. Der Ausgang war von mehreren Wachen beaufsichtigt, auf dem Weg vom Tunnel zum Lager

---

[67] Aussenlager: Lengerich-AI, 19.04.1944 bis 29.06.1944

[68] Mündlicher Bericht Robert B., 30. 08. 1999

[69] vgl. Protokoll des Interviews mit Frantisek S., S.1-7

standen wir unter Armeebegleitung, 2 Soldaten für jede Fünferreihe, die Soldaten selbst wiederum begleitet von etwa 10 SS-Leuten."[70]

Einen weiteren angeblichen Sabotageakt mit tödlichen Folgen schilderte Josef K., damals Schichtleiter der im Tunnel beschäftigten Zivilarbeiter, später in einem Zeitungsinterview:

„...Der eine war ein Pole. Er wurde der Sabotage beschuldigt, weil er versehentlich an einer Maschine die Sechskantmutter des Fräserdorns nicht festgezogen hatte. Als SS und SD (der einzige SD-Angehörige im Lager war nach unseren Quellen Konrad W.) ihn zur Exekution brachten, war er schon so zusammengeschlagen, dass er nicht mehr stehen konnte. Der Exekutionsplatz befand sich im Tunnel etwa 150 bis 200 Meter vom Eingang aus auf der rechten Seite nahe den Toiletten. Der Pole wurde am Kran erhängt. Ich weiß genau, es dauerte rund sechs Minuten, bis er tot war ... "[71]

In den letzten Wochen vor der Evakuierung häuften sich wieder die Fluchtversuche. Es kam häufiger zu Materialmangel, die Zulieferung über den Schienenweg war vielerorts durch die alliierten Bombenangriffe ins Stocken geraten - und damit die Produktion im Tunnel. Die Arbeit war für die Gefangenen nun etwas leichter, sie fanden vielleicht auch eher Zeit und Gelegenheit, eine Flucht zu planen. Auch die Stadt Lengerich war längst Ziel alliierter Aufklärungsflüge und Bombenangriffe. Vielen älteren Lengerichern ist der 13. März 1945 in Erinnerung, der Tag, an dem die englischen Fliegerbomben nicht nur den Bahnhof Lengerich-Hohne zerstörten, sondern auch viele Todesopfer forderten – sowohl unter der ansässigen Bevölkerung als auch unter den nicht im KZ eingesetzten Zwangsarbeitern.

---

[70] Brief Robert B., 28.03. 1998

[71] Interview Josef K., 15.05.1991

Von den KZ-Häftlingen kam an jenem Tag anscheinend niemand zu Schaden, wohl aber ein Mitglied der KZ-Führungsmannschaft.[72] Die Erinnerungen des ehemaligen Häftlings B. beleuchten den Fliegerangriff aus einer ganz anderen Perspektive:

„ Eigentlich war der Fliegerangriff für uns gar nicht so übel, denn es kamen dabei auch Tiere um, Katzen und Hunde. Die fanden wir dann in den folgenden Tagen in unserer Suppe als willkommene „Fleischeinlage" wieder".[73]

Die Front rückte im Frühjahr 1945 von Tag zu Tag näher, worüber die Häftlinge genau im Bilde waren. Die deutschen Zivilarbeiter konnten wichtige Informationen liefern. Einige der Franzosen verfügten über Deutschkenntnisse, zum Beispiel der Franzose B. Sein ziviler Vorgesetzter ließ ihn in unbeobachteten Momenten hin und wieder einen Blick in die Zeitung werfen.[74] Noch heute erinnert er sich daran, wie er gemeinsam mit seinem „Zivilchef" die Europakarte in der Zeitung studierte, auf der das Vorrücken der Alliierten abgebildet war:

„ Ich versuchte, ihm zu erklären, dass die Abbildungen nicht korrekt waren. Die Landkarten in der Zeitung waren perspektivisch so gezeichnet, dass Frankreich viel breiter schien, als es wirklich war. Ein Trick, damit die Deutschen glauben, dass der Feind noch weit entfernt sei."[75]

Er erinnert sich auch gut daran, dass sich in diesen letzten Wochen mit dem Herannahen der Befreier das Verhältnis zu den „Zivilchefs" wesentlich verbesserte. So sei es ein üblicher Lagerwitz gewesen, beim Klopfen an eine Tür zu fragen: „Amerikaner?"[76] Allerdings ging das natürlich nicht in Gegenwart der SS.

---

[72] Brief Robert B.; 28.03.1998

[73] Mündlicher Bericht Robert B., 30. 08. 1999

[74] Brief Robert B., 28.03. 1998

[75] Mündlicher Bericht Robert B., 30. 08. 1999

[76] Mündlicher Bericht Robert B., 30. 08. 1999

Muß es für die Häftlinge nicht eine Versuchung gewesen sein, sich bis hinter die scheinbar so nahen amerikanischen und englischen Linien durchzuschlagen? Zumindest könnte es ein Grund für die Häufung der Fluchtversuche im Frühjahr 1945 sein:

„...Und kurz vor der Evakuierung des Lagers haben zwei Häftlinge einen Fluchtversuch gewagt. Sie wurden in Natrup-Hagen geschnappt. Die wurden an der gleichen Stelle im Tunnel (an der gleichen Stelle wie der Pole, Anmerkung der Verf.) vor den Augen aller angetretenen Häftlinge und Zivilarbeiter erhängt. Die SS hatte sie gefesselt Rücken an Rücken gestellt und mit einem Seil zusammengebunden. Jeder hat dann eine eigene Schlinge um den Hals bekommen. Nachdem der Grund der Todesstrafe in allen Sprachen verdolmetscht war, wurde der Holzbock plötzlich unter den Füßen der Exekutanten weggestoßen, so dass die beiden mit Druck in die Schlinge fielen."[77]

Georg A., damals Luftwaffenhelfer und Mitglied der Wachmannschaft, gibt in seinem Verhör durch die bayerische Landespolizei am 26. Mai 1967 zu Protokoll:

„... Wenn ich gefragt werde, ob mir aus meiner Zeit in Lengerich NS-Gewaltverbrechen bekannt sind, dann muß ich sagen, dass ich einmal Zeuge war, als drei KZ-ler aufgehängt wurden. Dies ging damals folgendermaßen zu: Die drei KZ-ler, nämlich ein Deutscher, ein Pole und ein Russe, waren damals aus dem Lager geflüchtet. Es war dies im Frühjahr 1945, es lag kein Schnee mehr und die Erde war nicht mehr gefroren. Die Geflüchteten kamen jedoch nicht weit und wurden schon bald von Soldaten einer Flakeinheit, die in der Nähe des Lagers in Stellung lag, aufgegriffen und der Lagerleitung gemeldet. Ich selbst war damals mir dabei, als wir sie mit einem LKW ins Lager zurückholten. Der LKW wurde von einem SS-Mann gefahren und es war noch ein zweiter SS-Mann dabei. Auf dem

---

[77] Interview Josef K., 15.05.1991

Rückweg schlug der SS-Mann, der hinter mir auf der Ladefläche war, solange mit der Faust auf die KZ-ler ein, dass sie ganz geschwollene Gesichter hatten. Als wir ins Lager zurückkamen, mußten alle KZ- Insassen und auch wir von der Wachmannschaft im offenen Viereck antreten. In der Mitte dieses Viereckes wurde ein großer Holzbock errichtet. Die Höhe des Bockes war über zwei Meter. Ein Dolmetscher mußte im Auftrag des SS-Lagerführers bekannt geben, dass die drei Flüchtlinge wegen ihres Fluchtversuchs erhängt werden. Die drei Flüchtlinge mußten sich völlig nackt ausziehen. Dann wurde in die Mitte des Holzbockes ein Zimmermannsbock gestellt. Auf diesen Zimmermannsbock mußten sich die drei Männer, einer nach dem anderen, hinaufstellen. Es wurde ihnen dann die Schlinge um den Hals gelegt und ein SS- Mann stieß von hinten den Bock um, wodurch die Leute in die Schlinge fielen und getötet wurden. Man ließ die Leute keine fünf Minuten hängen. Die ganze Exekution dauerte ca. 15 Minuten."[78]

Zählt man alle die Toten - ohne die Opfer des Evakuierungsmarsches – zusammen, so starben im Lengericher Lager über den Zeitraum von einem knappen Jahr mindestens 16 Menschen, keiner von ihnen älter als 40 Jahre.

---

[78] Vernehmungsniederschrift Georg A.

Wächter und Bewachte

Im zweiten Kapitel wurde schon näher darauf eingegangen, dass sich die Gefangenengemeinschaft aus unterschiedlichen nationalen und sozialen Gruppen zusammensetzte. Etwas überraschender mutet es dagegen vielleicht an, dass sich auch für die Bewacher eine Aufteilung in verschiedene Personenkreise vornehmen läßt. Die simple Zuordnung in SS- Männer auf der einen und Gefangene auf der anderen Seite beschreibt die Strukturen im Geheimlager A1 nur unzureichend. Selbst in diesem kleinen Außenlager scheint es ein vielschichtiges System abgestufter Rangordnung gegeben zu haben, dessen Spitze der SS- Führungsstab bildete und das sich bis auf die Häftlingsebene fortsetzte.

Der SS- Führungsstab leitete zwar das Lager, aber die insgesamt höchstens zehn SS-Mitglieder allein hätten niemals ausgereicht, um das gesamte Tunnel-KZ zu sichern. Die Wachaufgaben übernahmen daher etwa 40 Luftwaffenangehörige aus Süddeutschland. Für die Beaufsichtigung der Produktion im Tunnel entsandten die entsprechenden Hannoveraner Firmen zivile Arbeiter nach Lengerich, von den Häftlingen „Zivilchefs" genannt. Unter den Gefangenen selbst besetzten anscheinend ausschließlich deutsche Häftlinge die Funktions- und Vorarbeiter-stellen, mit Ausnahme des französischen Lagerarztes Dr. P.

Wer waren nun die Vertreter der SS im Lengericher Lager? Die Kammler-Planung legte bereits Mitte März 1944 den Tätigkeitsbereich genau fest, den die einzelnen SS-Ränge im KZ Lengerich ausfüllen sollten:[79] SS-Untersturmführer Karl-Heinrich R. leitete den Stab, sein Stellvertreter und damit zweiter Führer war SS-Untersturmführer Eduard W., als „Unterführer" wird ein Wachtmeister S. aufgeführt. Der junge SS-Mann Manfred P. bekleidete als Schütze einen der untersten Dienstgrade der SS. Als Führer der Amtsgruppe D war SS-

---

[79] Kammler-Planung, 16.03.1944

Untersturmführer Georg J. aufgeführt; die Aufgaben des Sicherheitsdienstes (SD) übernahm SS-Hauptscharführer und Kriminalsekretär Konrad W. von der Gestapo Münster.

Was bedeuteten diese Zuordnungen konkret? Alle Konzentrationslager - auch die der Kammler-Planung - unterstanden damals dem SS-Wirtschaftsverwaltungs-hauptamt, doch für die unterirdische Rüstungsproduktion war die Amtsgruppe C unter Leitung von Ingenieur Kammler zuständig, für die Leitung und Bewachung der KZ hingegen die Amtsgruppe D. In einem Außenlager wie Lengerich kreuzten sich diese Kompetenzen: Auf der einen Seite mußten technische Fachkräfte der Amtsgruppe C den Ausbau und den Betrieb organisieren und koordinieren. Zu diesen Technokraten gehörten mit großer Sicherheit Karl-Heinz R. und der Bauingenieur Eduard W. Aus den Akten geht hervor, dass beide schon seit Jahren der Amtsgruppe C zugeordnet waren; bei W. kam noch die typische Ingenieurs-ausbildung hinzu.[80] Als Führer der Amtsgruppe D war Georg J. dagegen der eigentliche Lagerkommandant, verantwortlich für alles, was innerhalb des Lengericher KZ mit den Gefangenen geschah. Konrad W. als Leiter des SD übte wiederum eine besondere Funktion aus. Der als „SD" abgekürzte Sicherheitsdienst diente im Dritten Reich als besondere politische Polizei. Damit unterstand W. nicht direkt dem Lagerkommandanten, sondern der Leitstelle Münster der Gestapo. Seine Anwesenheit als politischer Beamter diente wohl auch der Disziplinierung der SS-Mannschaft sowie der Wachmannschaften und Zivilarbeiter. Ein Bewacher der Wächter.

Was läßt sich sonst noch über den Führungsstab sagen? Karl-Heinrich R. stammte aus Hessen, hatte bereits eine mehrjährige Karriere in der SS hinter sich und in den Jahren 1941– 43 am Rußlandfeldzug teilgenommen. 1944 war er 34 Jahre alt.

---

[80] SS-Akten Eduard W. und Karl-Heinz R.

Lagerführer Georg J., ein gebürtiger Oldenburger, hatte als ehrgeiziges SS-Mitglied in kürzester Zeit mehrere Karrierestufen hinter sich gebracht: Im Sommer 1941 wird er noch als einfacher SS- Sturmmann geführt, im November 1944 erhielt der erst 34-Jährige bereits die Ernennung zum Obersturmführer – innerhalb von nur drei Jahren wurde er somit siebenmal befördert. Da seine Akte allerdings keinen Hinweis auf Kampfeinsätze enthält und er außerdem zu den SS-„Totenkopf"- Einheiten zählte, darf vermutet werden, dass er sich seine Dienstgrade allein durch „vorbildlichen" Einsatz in Konzentrationslagern verdiente. Ungewöhnlich war seine gute Ausbildung, die ihn auch fachlich für die Aufgaben in Lengerich qualifizierte: Er hatte Maurer gelernt, dann das Abitur bestanden, an der technischen Hochschule in Berlin ein Studium für Bauwesen als Gewerbelehrer abgeschlossen, sprach Englisch und Französisch – damals keine Selbstverständlichkeit.[81] Sicher sah er seine Tätigkeit in Lengerich nur als notwendige Voraussetzung für die nächste Beförderungsstufe an – doch es sollte anders kommen. Am 13. März 1945, dem Tag des Bombenangriffs auf den Hohner Bahnhof, suchte der Lengericher Lagerkommandant während des Fliegeralarms Schutz in einem sogenannten Einmannloch außerhalb des Gebäudes, doch genau dort detonierte dann eine der Bomben, und so endete die vielversprechende Karriere des Obersturmführers J. im Garten des Gasthofs Brunsmann.[82]

Der Häftling Paul K. erinnerte sich, dass dieser „Chef der SS" erst wenige Tage zuvor noch den Körper eines Hingerichteten mit Fußtritten bearbeitet hatte.[83] Das plötzliche Ableben ihres Lagerkommandanten empfanden viele Häftlinge wohl als gerechte Strafe: Einige Gefangene mußten den verschütteten Kommandanten wieder aus seinem Erdloch ausgraben. Einem unbestätigten Bericht zufolge sollen sie sich dabei nicht gerade beeilt haben.

---

[81] SS-Akten Georg J.

[82] vgl. mündlicher Bericht Robert B., 30. 08. 1999

[83] Kern 1989, S.97

Die hier vorgestellten Mitglieder des Führungsstabes waren nicht die einzigen SS-Angehörigen im Lager. Die französischen Häftlinge sprechen von etwa zehn SS-Männern, über weitere Identitäten ließ sich jedoch nichts in Erfahrung bringen.

Die Angaben zur Wachmannschaft sind ebenso spärlich. 1967 vernahm die bayerische Landespolizei Georg A., ein Mitglied der Wachmannschaft, zu den Ereignissen in Lengerich. A. gab unter anderem zu Protokoll, er habe selbst in den Jahren 1933 bis 1935 im KZ Dachau gesessen. Aus Angst, wieder dort eingewiesen zu werden, habe er die Befehle der SS ausgeführt und sich ansonsten unauffällig verhalten. Mit seiner Wachkompanie wurde er im Sommer 1944 aus Markt Schwaben nach Lengerich versetzt.

In einigen Punkten sind jedoch Zweifel an seinen Aussagen angebracht: So behauptete er beispielsweise, er könne sich weder an die Namen seiner Kameraden, seines Vorgesetzten noch an die Namen von SS-Männern erinnern – kaum nachvollziehbar, wenn man sich ein knappes Jahr in einem relativ kleinen Außenlager aufhält. Hier ein Auszug aus der Vernehmungsniederschrift, in der er die Rolle der Luftwaffenangehörigen beschreibt:

„Wir 30 Mann von der Luftwaffe führten die Bewachung der Häftlinge durch. Unser Hauptmann bekam die Befehle von der SS, die er an uns weitergab. (...) Bekannt ist mir, daß wir von der Lagerleitung angehalten wurden, die KZ-ler mit Schlägen zu erhöhter Arbeitsleistung anzuhalten. Dies habe ich aber nie getan (...) Auch meine anderen Luftwaffenkameraden haben so etwas nie getan. Im übrigen hat uns unser Hauptmann selbst gesagt, wenn wir Luftwaffenangehörigen unter uns waren, daß wir die Leute nicht schlagen sollen. (...) In diesem Zusammenhang kann ich mich erinnern, daß mir einmal ein SS-Führer (...) seinen Ochsenfiesel gab und mich beauftragte, damit auf die Leute einzuschlagen, um sie zu erhöhter Arbeitsleistung zu zwingen. Ich habe zwar den Ochsenfiesel angenommen – zu meiner persönlichen Sicherheit, um nicht selbst von der SS zur

Rechenschaft gezogen zu werden – benützt habe ich ihn jedoch nicht. Öfter habe ich auch gesehen, daß die SS-ler mit ihren Ochsenfieseln auf die KZ-ler eingeschlagen haben. Es ist mir aber nicht bekannt, daß ein KZ-ler durch solche Schläge getötet worden wäre. Die SS-Leute waren im allgemeinen sehr brutal mit den KZ-lern umgegangen." [84]

Von den zivilen Arbeitern aus Hannover meldete sich vor einigen Jahren Josef K. nach einem Zeitungsaufruf. 1991 besuchte er Lengerich und erinnerte sich in einem Zeitungsinterview an diese Zeit:

„Sie (die Häftlinge; Anmerkung) trugen alle einen Sträflingsanzug und Holzschuhe an den Füßen. In kurzer Zeit magerten die Menschen schnell ab. Für sie gab es auch nur eine so genannte Brotsuppe. Ich habe das auch mal probiert: Da war wirklich gar nichts drin in dem Wasser."[85]

Josef K. versuchte, den Gefangenen zu helfen, indem er ihnen Brot zusteckte oder auch hin und wieder Briefe für die Angehörigen aus dem Lager schmuggelte. Auch die Franzosen haben überwiegend gute Erinnerungen an die „Zivilchefs" und „Meister". Robert B. schreibt:

„Der technische Rahmen wurde durch einige Deutsche (die Meister) sichergestellt, die dafür da waren, uns die Handhabung der Maschinen zu zeigen. Ich habe in Lengerich seitens der Meister keine Mißhandlungen kennen gelernt. Für mich selbst, der ich ganz gut Deutsch sprach und durch meinen Akzent begünstigt, er hörte sich ein wenig wie der regionale Akzent an, hatte ich ein ganz gutes Verhältnis mit meinem Meister, der mich seine Zeitungen lesen ließ und mein Arbeitstempo nicht so sehr beachtete." [86]

---

[84] Vernehmungsniederschrift Georg A., 26.05.1967, S. 3-5

[85] Interview Josef K., 15.05.1991

[86] Brief Robert B., 28.03.1998

Den Funktionshäftlingen, sogenannten Kapos, kam in deutschen Konzentrationslagern häufig eine Sonderrolle zu.[87] Die Kapos – oft rekrutiert aus den „BV"- Häftlingen - waren an ihrer Vorarbeiterbinde und an besonderen Mützen von den anderen Häftlingen zu unterscheiden Sie genossen gegenüber den Mitgefangenen gewisse Vorrechte und eine teilweise sehr weitgehende Befehls- und Strafgewalt.[88] Die „kriminellen" Häftlinge bildeten in der Regel keine Solidargruppe und teilten nicht selten die Abneigung ihrer Bewacher gegenüber anderen, „minderwertigen" Nationalitäten. So wurden viele Kapos zum verlängertem Arm der SS in den Konzentrationslagern. Grund dafür war nicht nur der Wunsch der Lagerleitung, wegen Personalknappheit einige Leitungsfunktionen abzugeben, sondern die SS wollte die nationalen und politischen Spannungen unter den Häftlingen ganz bewußt ausnutzen, um sie besser zu kontrollieren.[89] 1944 erläuterte Himmler in der „Sonthofener Rede", wie dieses System funktionieren sollte:

"Erwähnen darf ich noch etwas... In diesen Lagern ist der Pöbel aller Völker Europas: Juden und Russen und Polen und Tschechen und Franzosen. (...)Weil wir mit den Deutschen allein nicht auskommen, wird es hier also selbstverständlich so gemacht, dass ein Franzose der Kapo über Polen, dass ein Pole der Kapo über Russen, dass ein Italiener hier und da einmal- sehr oft passiert das nicht – der Kapo über andere ist, dass eben hier nun eine Nation gegen die andere ausgespielt wird..."[90]

Diese Rechnung ging in Lengerich nicht ganz auf. Nach den Aussagen der Augenzeugen blieben im Lager die einzelnen Nationen zwar weitgehend unter sich, aber es gab anscheinend keine ausgeprägten Rivalitäten unter den verschiedenen Gruppen. Es scheint eher Sache jedes Einzelnen gewesen zu sein, wie er sich gegenüber den Mithäftlingen anderer Nationen verhielt: So berichtet ein Franzose,

---

[87] vgl. Kaienburg 1997, S. 89

[88] Fröbe 1985, S. 203

[89] vgl. Kaienburg 1997, S. 231

46

unter den Russen und Polen hätte es viele „Kriminelle" gegeben, die „uns das Leben schwer machten"[91], ein anderer französischer Häftling beschreibt ein eher normales Verhältnis zu den Osteuropäern: „Ich erinnerte mich an einen Polen in Lengerich, der aus den Karten die Zukunft lesen konnte. Er las auch aus Handlinien. Zu verschiedenen Kameraden, die ihn aufsuchten, hatte er gesagt: "Ich sehe Wasser, viel Wasser!"[92]

Die Privilegien der deutschen Funktionshäftlinge wie zum Beispiel besseres Essen und ein abgetrennter Schlafplatz werden zwar erwähnt,[93]aber es liegen keinerlei Hinweise auf brutale Übergriffe oder Mißhandlungen durch deutsche Funktionshäftlinge vor. Vielleicht lag das auch am deutschen Lagerkapo, an den sich Paul K. in seinen Aufzeichnungen erinnerte:

„Der Kapo war ein Politischer, das heißt, er wurde verhaftet, weil er gegen die Nazis war. Er war verantwortlich für das Kommando und stand direkt unter dem Befehl des SS-Hauptkommandanten. Trotzdem, mehrere Male ließ unser Kapo zu, dass sich einige Franzosen in einem Raum sammelten, um zuzuhören, wie der Lehrer Ribaud die Fabeln des La Fontaine (frz. Dichter; Anmerkung) rezitierte. (...) Einmal hat der Kapo uns ermöglicht, leise die Marseillaise zu singen." [94]

---

[90] Sonthofener Rede, 21.06.1944. Zitiert nach Kaienburg 1997, S. 231

[91] Kern 1989, S. 93

[92] Angles 1975, S.97

[93] vgl. Angles 1975, S. 161 und auch den mündlichen Bericht von Robert B., 30. 08. 1999

[94] Kern 1989, S. 93

Evakuierung - der Marsch ins Ungewisse

Im März 1945 standen alliierte Truppen bereits im Münsterland, die Front rückte mit jedem Tag näher an Lengerich heran. Was sollte nun mit den Gefangenen im Reichsbahntunnel geschehen? Wie in vielen anderen Außenlagern auch, versuchte die SS zunächst, sie zurück in das Stammlager Neuengamme zu schaffen. Doch das war Ende März 1945 mit etwa 14 000 Insassen bereits völlig überbelegt, und Ausweichmöglichkeiten in andere Lager gab es immer weniger, je weiter die deutschen Truppen an Boden verloren.[95]

Im April 1945 erfolgte der Räumungsbefehl für alle anderen noch verbliebenen Lager im Reichsgebiet. Die KZ-Gefangenen wurden in eiligst herbeigeschaffte Bahnwaggons und Lastwagen gepfercht oder zu Fuß in Marsch gesetzt. Dabei herrschte ein zunehmendes Durcheinander.[96]

Auch in Lengerich handelte es sich bei der Evakuierung um alles andere als einen geregelten Rücktransport, sondern eher um eine hastige und überstürzte Räumung, bei der sich die Gefangenengemeinschaft in verschiedene Gruppen aufsplitterte. Verschiedene Marschrouten, wechselnde Ziele, Neu- und Umgruppierungen führten dazu, dass sich viele der Gefangenen am Tag der Evakuierung zum letzten Mal sahen.

Einige Häftlinge wurden von Neuengamme aus unverzüglich wieder in andere Lager weitertransportiert, andere wiederum blieben im Stammlager und wurden Anfang Mai 1945 in Lübeck auf die Schiffe „Thielbek" oder „Cap Arcona" verfrachtet, jene Schiffe, die tragischerweise wenig später durch alliierte Bombenangriffe versenkt wurden.

---

[95] Kaienburg 1997, S.270

[96] Kaienburg 1997, S. 268

Die Evakuierung und diese letzten Wochen in Gefangenschaft zählen für viele der Häftlinge zu den schlimmsten Erinnerungen. Bereits ausgezehrt und geschwächt von Monaten und Jahren der Haft, standen ihnen jetzt noch die härtesten Strapazen bevor: Tagelange Gewaltmärsche bei völlig unzureichender Ernährung in den kalten Märzwochen wurden begleitet von ständiger Ungewißheit darüber, ob sie den nächsten Tag überleben. Während dieser Fußmärsche wurden Kranke oder Schwache häufig einfach am Straßenrand erschossen oder sterbend zurückgelassen. Die Evakuierung der KZ-Lager in den letzten Kriegswochen wird sowohl von Häftlingen als auch in der Forschungsliteratur häufig als „Todesmarsch" bezeichnet. Der Begriff übertreibt keinesfalls, es wird geschätzt, dass rund ein Drittel der im Januar 1945 registrierten Häftlinge im Reichsgebiet auf den Evakuierungsmärschen und in den überfüllten Auffanglagern umkamen.[97] Es gab auch eine entsprechende Order an das KZ- Führungspersonal, dass „kein Häftling in die Hand des Feindes fallen solle".[98]

Dank der Häftlinge, die sowohl die Evakuierung überlebt hatten als auch bereit waren, ihre Erinnerungen mitzuteilen, läßt sich ein Eindruck von diesen letzten Wochen vermitteln.

Die Gefangenen sind anscheinend in zwei Gruppen aus Lengerich evakuiert worden: Eine Gruppe mußte zu Fuß den Rückmarsch antreten, die andere – darunter vermutlich die Marschunfähigen - wurden per Eisenbahn evakuiert. Die Franzosen Maurice N. und Frederic B. erinnern sich noch an diese Zugfahrt, Frederic B. beschreibt sie in knappen Worten:

„Wir haben Lengerich mit dem Zug verlassen, der Transport war hart. Die Hälfte im Zug, die Hälfte zu Fuß, der Zug hielt an um die Toten zu begraben, wir wurden von der SS bewacht. Wir kamen im Lager von Sandbostel an, wo

---

[97] Brozat, Konzentrationslager, S.132. Beispiele für Todesmärsche in Süddeutschland: Vorländer, S. 67 ff., 97 ff., 127 ff., 260 ff. zitiert nach Fröbe 1985, S. 495

[98] vgl. Fröbe 1985, S.495

viele an Unterernährung, Erschöpfung und Typhus starben. Wir wurden von den Engländern am 29. April 1945 befreit."[99]

Die noch Marschfähigen sollten das Stammlager zu Fuß erreichen:

„Im März 1945 wurden wir nach Neuengamme evakuiert. Die Eisenbahnverbindungen waren unterbrochen, so mußten wir uns zu Fuß auf den Weg machen. Die Reise dauerte vier Tage, wobei wir pro Tag 40 km zurücklegten. Wir erhielten beim Abmarsch eine Tagesration Brot und dann nichts mehr. Die Nacht verbrachten wir an Unterständen, draußen, unterbrochen von Appellen. Es gab unterwegs viele Kranke und alle Häftlinge, die nicht folgen konnten, wurden im Straßengraben erschossen. Nach drei Tagen und zwei Nächten kamen wir in einem anderen Außenlager von Neuengamme an, das schon über 1000 Häftlinge enthielt. (Vermutlich Porta Westfalica; Anmerkung) Alles, was man an uns als Nahrung verteilte, war eine kleine rote Rübe(...) Drei Tage später bestiegen wir die üblichen Viehwaggons Richtung Hamburg. Wir kamen auf der linken Elbseite an und wir gingen zu Fuß weiter. (...)"[100]

Kaum angekommen in Neuengamme, folgte bereits zwei Tage später für Robert B. und viele andere Franzosen, darunter auch P. Kern und M. Angles, der Weitertransport in das Außenlager Kaltenkirchen:

„ Das Kommando arbeitete auf einem Luftfahrtgelände. Am Morgen nach unserer Ankunft, gerade als wir den halben Liter Suppe aßen, der uns für den Tag bewilligt war, wurde das Gelände in drei starken Wellen von fliegenden Festungen bombardiert, deren Brand- und Sprengbomben einige Tote unter uns forderten. Am nächsten Morgen mußte die Piste wieder in Stand gesetzt werden, wir mußten die Löcher verschließen, die nicht explodierten Bomben herausholen: 16 Stunden Arbeit – mit einem halben

---

[99] Brief Frederic B., 12.02.1998

Liter Suppe zu Mittag und 100 Gramm Brot am Abend. Die Nacht war von Alarmen unterbrochen und die Baracken mußten geräumt werden – da blieben noch drei Stunden zum Schlafen. Manchmal flogen am Tage englische oder amerikanische Maschinen im Tiefflug vorbei und verschossen Gewehrsalven aus Maschinengewehren."[101]

Auch P. Kern erinnerte sich an den Luftangriff auf den Flugplatz in Kaltenkirchen:

„ Am zweiten Tag nach unserer Ankunft gab es Alarm. (...) Die Jungen, die noch rennen konnten, flohen an den Rand des Rollfeldes in Sicherheit, die anderen, zu denen auch ich gehörte, konnten dem Luftangriff nicht mehr ausweichen. Es gab nur eine Möglichkeit: Sich in irgendeinem Loch zu verstecken und abzuwarten. Nach etwa einer halben Stunde konnte ich mein Loch verlassen. Am Abend, obwohl wir eine Zeit lang von unseren Bewachern getrennt waren, fehlte keiner beim Appell. Mit unserer gestreiften Kleidung und ohne Essen wäre es ohnehin unmöglich gewesen zu flüchten."[102]

Mitte April erzwang das Vorrücken der Alliierten eine hastige Weiterverlegung der Gefangenen nach Westen. P. Kern berichtete:

„Am Morgen wollte ich mich auf dem Revier krankmelden, doch man sagte mir, dass für diesen Tag der Aufbruch geplant war. Krank oder nicht, alle mußten mit und jeder, der dem Transport nicht folgen konnte, würde eine Reise ohne Rückkehr antreten. (...) Wir hatten schon etwa 20 Kilometer zurückgelegt - ich unter großer Anstrengung und unter vielen Fußtritten, damit ich schneller ging - und stiegen in einen Zug".[103]

---

[100] Brief Robert B., 28.03. 1998

[101] siehe oben

[102] Kern 1967, S. 39/40

[103] Kern 1967, S.40/41

Nach einer Übernachtung in einem weiteren Außenlager erreichten die Franzosen dann das Auffanglager Wöbbelin:

„Nach 48 Stunden schleppten wir uns mühsam aus dem Zug, wir befanden uns in einem teilweise noch verschneiten Kiefernwald mit Moorflächen. Nach zwei bis drei Kilometern zu Fuß erreichten wir ein weiteres Lager. Es war noch nicht ausgebaut, und in vielen Baracken fehlte es an allem: Die Betten bestanden aus rohem Holz, ohne Matratzen, es gab nur einen Brunnen für 3000 Menschen..."[104]

Auch Robert B. kann sich noch gut an das Eintreffen im Lager Wöbbelin erinnern:

„ Die Pritschen sind aus Knüppelholz gefertigt, ohne Stroh oder Decken. In der Mitte des Lagers ein einziger Wasserstrahl, (...) Schon bei meiner Ankunft war ich erschöpft und ohne jede Kraft. Ich trat in eine Baracke ein, wo ich alle Pritschen von Toten belegt fand, sie lagen sogar auf dem Boden. Ich nahm meine letzten Kräfte zusammen, nahm einen von ihnen, warf ihn von seiner Pritsche und legte mich schlafen, an seiner statt."[105]

Wöbbelin war Endpunkt zahlreicher Marschrouten und Transporte von KZ-Gefangenen aus Norddeutschland. So trafen sich dort Häftlinge wieder, auch ehemalige „Lengericher". M. Angles erinnerte sich:

„ Wir fanden dort einige nicht mehr blühend aussehende Polen und Russen vor, mit denen wir einige Monate in Lengerich zusammen waren. Sie waren vor der Ankunft der zweiten Gruppe Franzosen im Monat August von dort weggekommen." [106]

---

[104] Brief Robert B., 28.03. 1998

[105] Brief Robert B., 28.03. 1998

[106] Angles 1975, S. 178

Die Versorgung im Lager Wöbbelin war völlig unzureichend, jeden Tag starben Häftlinge an Hunger oder an der Kälte. Untereinander konkurrierten die Gefangenen um Nahrung und Kleidung, es ging nur noch um das nackte Überleben:

„...es gab täglich eine ungenießbare Suppe, und selbst um die mußte man sich bemühen. Da ohne Eßgeschirr, versuchten wir eine leere Dose zu organisieren. (...) Außerdem mußten wir, sobald wir unsere Ration erhalten hatten, uns schnell einen sicheren Ort suchen und so schnell wie möglich essen, damit kein anderer das Essen stehlen konnte. Es war alles völlig unorganisiert, und es gab auch keine Arbeit mehr. Morgens und abends rief man uns zum Appell, im Laufe des Tages schleppten wir uns über das Gelände, auf kaltem Boden liegend oder sitzend, oder auf rohen Holzbalken. Die Nächte waren lang und hart. Wer eine Decke besaß und nicht in der Lage war, sie zu verteidigen, besaß sie am nächsten Morgen nicht mehr und eventuell ist er auch seine Schuhe und seine Kleidung losgeworden. (...) Innerhalb von 24 Stunden starben 70 bis 90 Gefangene. In den letzten Tagen wurden sie auch nicht mehr verscharrt und es gab auch keine Verbrennungsöfen. Deshalb häufte man sie neben den Toiletten auf. Am Tag der Befreiung gab es etwa 300 Stapel dieser Toten."[107]

Robert B. erinnerte sich auch an die Befreiung durch die Alliierten:

„ Nachts hatte ich viele Militärkonvois auf der Straße vorbeifahren hören. Sobald ich nach draußen ging, stellte ich fest, dass die gleichen Konvois, die vorher in eine Richtung gefahren waren, jetzt in die entgegengesetzte fuhren. Nach einem Moment der Ruhe habe ich vor dem Lager eine kleine von den Engländern gezogenen Kanone ankommen sehen. Sie waren durch den Anblick von den zu Skeletten abgemagerten Körpern, die am Stacheldrahtzaun standen, wie versteinert und zögerten einen Augenblick, bevor sie den Zaun durchschnitten und uns zu verstehen gaben, dass wir

---

[107] vgl. auch Kern 1989, S. 107 und Angles 1975, S. 181

54

frei seien. Ich ging einige Schritte nach draußen, bevor ich zusammenbrach." [108]

Die geschwächten und kranken Franzosen wurden noch einige Tage in einem Lazarett in Ludwigslust nahe Wöbbelin behandelt und kehrten dann gemeinsam nach Frankreich zurück. Die Stadt und auch das Lager Wöbbelin wurde anschließend von Rotarmisten besetzt.

Doch nur für einige der Lengericher Häftlinge endete die Haftzeit in Wöbbelin. Viele blieben im Hauptlager Neuengamme, unter ihnen der Tscheche Frantisek S., der sich ebenfalls noch gut an seine letzten Tage in Gefangenschaft erinnert:

„ Im Lager herrschte bereits Chaos. Die Häftlinge gingen nicht mehr zur Arbeit, und wir wurde in einer Nacht Ende April in Viehwaggons geladen und man hat uns nach Lübeck auf die „Cap Arcona" gebracht. So konnten wir in der Nacht (...) beobachten, dass die Flagscheinwerfer in Neustadt in Betrieb waren. Wir dachten, dass die Engländer bereits dort seien und uns jetzt befreien würden. Um 11:00 Uhr flogen Spähflugzeuge über uns hinweg, und die SS-Männer auf unserem Schiff haben auf sie geschossen. Um 14:00 Uhr haben dann Flugzeuge zuerst die Schiffe „Athen" und „Deutschland" bombardiert, dann wurden Phosphorbomben auf uns abgeworfen. Das Schiff begann zu brennen. Die SS-Männer standen in den Korridoren und schrien, dass die Türen geschlossen werden sollten. Aber wir warteten nicht, bis die Türen geschlossen wurden. Als wir hörten, dass oben um Hilfe gerufen wurde- oben brannte es schon, manche waren verletzt – haben wir versucht, möglichst schnell herauszukommen. Es gab dort Fenster, die man nur um eine halbe Achse drehen mußte, und wir sind durch diese Fenster geschlüpft und ins Wasser. Dort gab es ein großes Chaos, es war wie ein Ameisenhaufen. Ich habe mich bemüht, zu einem kleineren Boot zu gelangen, war aber nicht imstande, mich an der Bootswand hinaufzuziehen,

---

[108] Brief Robert B., 28.03. 1998

weil die anderen im Wasser begannen, mich am Bein wieder herunterzuziehen. Ich habe aber gehört, dass im Boot Tschechisch gesprochen wurde und rief: "Ich kann nicht weiter" und „Tschechen, helft mir, bitte!". Dann haben sie mich auf das Boot hinaufgezogen. Am ganzen Boot hingen Menschen, die sich retten wollten. Wir haben uns vom Hauptschiff gelöst und sind zum Ufer gerudert. Dort standen das Rote Kreuz und deutsche Soldaten. Aber niemand oder zumindest ich habe nicht begriffen, dass sie uns eigentlich abtransportieren sollten, dass(...) sie von den Engländern hingeschickt wurden. Wir(...) sind über die Wiesen weggelaufen." [109]

Frantisek S. hatte unglaubliches Glück. Die Bombardierung der „Cap Arcona" und einiger weiterer Schiffe am 3. Mai 1945 kostete rund 7000 von 9000 Menschen das Leben, die meisten davon KZ-Häftlinge aus Neuengamme. Diese Schiffskatastrophe ist – gemessen an der Zahl der Opfer - die größte in der Geschichte der Seeschiffahrt – sie stellt zum Beispiel den Untergang der „Titanic" weit in den Schatten. Allerdings ist das Ende der „Cap Arcona" weitaus weniger bekannt. Vielleicht, weil eine besondere Tragik darin liegt, dass es ausgerechnet die als Befreier herbeigesehnten Engländer waren, die nur fünf Tage vor dem offiziellen Kriegsende mit ihrem Angriff auf die Lübecker Bucht so vielen KZ –Häftlingen den Tod brachten. Manchen der Schiffbrüchigen gelang es noch, im eiskalten Wasser der Neustädter Bucht das vier Kilometer entfernte Ufer zu erreichen. An einigen Uferstellen empfingen sie fanatisierte SS-Einheiten und Volkssturmangehörige mit Gewehrsalven.[110] L

Leider war Frantisek S. nicht der einzige Lengericher Häftling auf der „Cap Arcona". Der Franzose Marcel A. schreibt in seinen Erinnerungen:

---

[109] Protokoll des Interviews mit Frantisek S., 01.05.1997

[110] Kaienburg 1997, S. 276ff.

„Ich habe im Laufe der Zeit festgestellt, dass mindestens zwei Franzosen ihr Leben bei diesem Ereignis verloren: Joseph Peyre aus Toulouse und der Hauptmann Jules Sabrier aus Paris. Man kann sicher annehmen, dass sie nicht die einzigen aus Lengerich waren, die bei dieser Katastrophe ihr Leben gelassen haben."[111]

Der verstorbene Lengericher Heimatforscher Gerd Schumann erwähnt in einem Zeitungsartikel aus dem Jahre 1985, dass auch deutsche Häftlinge aus Lengerich schwimmend das Ufer erreicht haben sollen.[112] Im Artikel bleibt unklar, woher diese Information stammt, bisher konnte sie trotz intensiver Recherche (noch) nicht bestätigt werden.

Von den Lengericher Häftlingen ist Frantisek S. der bisher einzige namentlich bekannte Überlebende der Schiffskatastrophe. In den Tagen nach seiner Rettung wurde er von den Engländern ärztlich behandelt und blieb noch einige Wochen in einem Auffanglager, bis er dann im Juni 1945 in die damalige Tschechoslowakei zurückkehren konnte.

Auch für die anderen Beteiligten in Lengerich - SS-Führungsstab, Wachmannschaft, Zivilarbeiter – ging der Krieg nun endgültig zu Ende.

Die SS- Mannschaft begleitete anscheinend den Zugtransport der kranken Häftlinge nach Sandbostel,[113] doch danach verliert sich ihre Spur – bis auf eine Ausnahme kehrte keiner nach Lengerich zurück.

Wie sich die Luftwaffenangehörigen der Wachmannschaft aus Lengerich zurückzogen, ist im Vernehmungsprotokoll des Georg A. nachzulesen:

„Kurz bevor die Engländer Lengerich erreichten, war unser Hauptmann auf einmal verschwunden. Als wir Luftwaffenangehörigen das bemerkten,

---

[111] Angles 1975, S. 197/198

[112] Schumann, 05.04.1985

[113] Vgl. Brief Frederic B., 12.02.1998

machten wir uns aus dem Staube. In der Nähe von Osnabrück geriet ich mit meinen Kameraden in Gefangenschaft."[114]

Zurück in Lengerich blieben nur die Zivilarbeiter aus Hannover, die von ihrer vorgesetzten Dienststelle, der Firma „VLM" den Auftrag erhalten hatten, den Betrieb im Lengericher Tunnel unversehrt an die Alliierten zu übergeben. Am 2. April, als die Engländer in Lengerich einmarschierten, führten sie diesen Auftrag aus.[115]

---

[114] Vernehmungsniederschrift Georg A., S. 5
[115] Schumann, 05.04.1985

Was geschah nach 1945?

In Lengerich interessierte sich über Jahrzehnte hinweg niemand intensiver für die Geschichte des Tunnels. Nach dem Krieg gab es wohl zunächst dringendere Probleme zu bewältigen – und so geriet das ehemalige KZ-Außenlager langsam in Vergessenheit. Vielleicht wäre das auch bis heute so geblieben, hätte nicht im Jahre 1985 der Lengericher Heimatforscher Gerd Schumann zum Thema recherchiert. Mit seinem Artikel „Sklavenarbeit für den Krieg" [116] setzte er einen Prozeß der Aufklärung und Aufarbeitung in Gang, der bis heute andauert.

Heute, im Jahre 2001, ist es aus Sicherheitsgründen nicht erlaubt, den alten Reichsbahntunnel zu betreten, eine schwere Eisentür sichert den Eingang. Es gäbe für Interessierte sowieso nicht viel zu sehen: Drinnen ist es nur kalt, dunkel und feucht. Außer dem Betonfundament und einigen Metallschienen deutet nichts mehr auf das ehemalige KZ-Außenlager hin.

Doch blieb der Tunnel nach 1945 nicht ungenutzt: Angeblich gab es in den ersten Nachkriegsjahren Versuche, hier Champignons zu ziehen – wegen der hohen Luftfeuchtigkeit. Später nutzte ein Lengericher Waffenhändler die Räumlichkeit über Jahre als Schießstand. Dann plante die Deutsche Bundesbahn vor wenigen Jahren aus Sicherheitsgründen die Verfüllung, was noch rechtzeitig abgewendet werden konnte. Nun steht der Tunnel unter Denkmalschutz. Leider ist an einen Ausbau als Gedenkstätte aus finanziellen Gründen und unter Sicherheitsaspekten zurzeit wohl nicht zu denken.

Die Gaststätte Brunsmann fand nach dem Krieg schnell wieder zu ihrer alten Bestimmung zurück: Bereits zu Beginn des Jahres 1946 gab es im Saal der ehemaligen Häftlingsunterkunft wieder Tanzveranstaltungen.[117]

---

[116] Schumann, Gert: „Sklavenarbeit für den Krieg", Westfälische Nachrichten, 05. April 1985

[117] Schreiben des Bürgermeisters, 02.01.1946

Besonders erwähnenswert ist noch der Verbleib des SD-Mannes Konrad W. an seinem ehemaligen Dienstort. Anscheinend kam er unbeschadet durch die sogenannte „Entnazifizierung", arbeitete aber nach dem Krieg nicht mehr bei der Kripo, sondern übte den unauffälligeren Beruf des Maschinenschlossers aus.

Zum Lengericher Lager wurden mehrfach Ermittlungen angestellt, erst von den Alliierten, später von den deutschen Behörden.[118] Obwohl es Letzteren gelang, ein Mitglied der Wachmannschaft und auch einen Zivilarbeiter ausfindig zu machen, blieb die Suche nach Tätern erfolglos. Zwar beschrieben beide Zeugen der Staatsanwaltschaft verschiedene Exekutionen im Lager – in den Vermerken der Akte sind allein 11 Hinrichtungen erwähnt - doch an Namen und Personen der beteiligten SS-Führung konnte oder wollte sich niemand erinnern. So schließt die Ludwigsburger Akte mit den Worten:

„Hinweise auf Personen, die als Täter in Frage kommen, sind in dem genannten Vorermittlungsverfahren der Staatsanwaltschaft (Münster. Anm. d. Verf.) nicht bekannt geworden... Hinreichende Anhaltspunkte für weitere Erfolg versprechende Ermittlungen liegen nicht vor."[119]

Nicht vergessen konnten oder wollten dagegen die Häftlinge: Einige von Ihnen legten ihre Erinnerungen schriftlich nieder, andere stellten sich den Fragen und Interviews Hamburger Forscher.

Auch manchem Lengericher war nicht verborgen geblieben, was im KZ-Außenlager geschehen war - der eine oder die andere wollten darüber sprechen. Es waren wohl auch Lengericher Bürger und Bürgerinnen, die dem Heimatforscher Schumann erste Hinweise auf das "Tunnel-KZ" lieferten.

---

[118] Akten der Staatsanwaltschaft Ludwigsburg, IV 404 AR 633/67 sowie Akten der Staatsanwaltschaft Münster, 6b AR 60/ 67 und Mitteilung Frieda V.

[119] Akten der Staatsanwaltschaft Ludwigsburg, IV 404 AR 633/67, Vermerk Staatsanwalt Dreßen vom 2. Mai 1975

Später meldeten sich weitere Zeitzeugen, darunter auch ein ehemaliger Hannoveraner Zivilarbeiter. Auch seinen Schilderungen räumte die lokale Presse viel Platz ein.

Im Januar 1996 wurde an der Außenwand der ehemaligen Gaststätte Brunsmann – heute Centralhof – eine Gedenktafel angebracht, die an die damaligen Ereignisse erinnert.

Am aufwendigsten und langwierigsten gestaltete sich die Suche nach noch lebenden ehemaligen Häftlingen. Vor knapp zwei Jahren gelang der Durchbruch. Der Besuch des ehemaligen französischen Gefangenen Robert Botte im September 1999 [120], sein offizieller Empfang durch die Repräsentanten der Stadt Lengerich und die vorliegende Dokumentation markieren einen vorläufigen Abschluß.

---

[120] „KZ-Häftling Robert Botte kam zurück", Westfälische Nachrichten, 1. September 1999

Fotos

Tunneleingang, vor dem Eingang ein britischer Soldat und ein Jeep. Bildquelle: Imperial War Museum London BCE 4185

Tunnel kurz nach der Evakuierung, links im Bild ein britischer Soldat. Rechts sind die Aluminiumprofile zu erkennen, die von den Häftlingen geschliffen werden mußten. Quelle: Imperial War Museum London BCE 4183

Tunnelinneres, links im Vordergrund britischer Soldat vor einer Maschine.
Bildquelle: Imperial War Museum London BCE 4184

Tunnelinneres kurz nach der Evakuierung der Häftlinge. Was später mit dem Material und den Maschinen geschah, ließ sich leider nicht rekonstruieren. Bildquelle: Imperial War Museum London. BCE 4182

Aufsicht auf den Weg zum Tunnel, Blickrichtung Lengerich. Rechts ist die Bahntrasse Lengerich/Osnabrück zu erkennen. Bildquelle: Imperial War Museum London BCE 4186

Primärquellen

Die Quellen werden im fortlaufenden Text als Kurztitel zitiert.

BA, Potsdam, Dokumentfilmnr. 56 308, Aufn-Nr. 321 (Z) = FAHNDUNGSVORGANG JURTSCHENKO

Abschrift des Grabsteins, Judenfriedhof Lengerich, 3. Grabstein hinten rechts: ALEXANDR JURTSCHENKO, +19. 4. 1944

Akten der Staatsanwaltschaft Ludwigsburg, IV 404 AR 633/67

Akten der Staatsanwaltschaft Münster, 6b AR 60/ 67 (u.a. Bericht Karl D.)

Angles, Marcel: Quelques souvenirs par Marcel Angles n° 33346 Neuengamme – Lengerich in Wesphalt (sic!) – Porta Wesfalica (sic!) – Kaltenkirchen – Woebelin – Ludwigslust, in: les jours de notre mémoire (1940-1945) neuengamme quatre survivants témoignent: paul kern – marcel angles – maurice choquet – pierre brunet, Paris 1975, S.129-200

Archivauszug vom 12.05.1997 „Häftlinge des KZ-Neuengamme im Außenlager A1", Dokumentenhaus Neuengamme

„Aufstellung der KZ-Häftlinge", 14.11.1946, Aufstellung des Stadtdirektors Lengerich, Az.: Kr. Tecklenburg I F91, A (12) III(1), Kreisarchiv

„Aussenlager: Lengerich-AI", handschriftliche Zusammenstellung des Totenbuches für 19.04.1944 bis 29.06.1944 des Lagerschreibers Herbert S., Dokumentenhaus Neuengamme

Auszug aus der "Liste des Deportes Lengerich" aus „Memorial des francaise et des francaises a Neuengamme." Hrsg.: AMICALE

Auszugsweise Abschrift aus der „Zusammenstellung der wesentlichen Voraussetzungen für die Durchführung der A -Vorhaben des Sofortprogramms für bombensichere Unterbringung der Jägerindustrie" (Kammler-Planung), 16. März 1944, BA Koblenz, R7/1192

Bericht des Lagerschreibers Herbert S. vom 05.09.1979 „Außenkommando A1-Lengerich", Dokumentenhaus Neuengamme

Bericht des SS- Standortarztes über den Krankenstand im Lager Neuengamme vom 29.03.44, Forschungsstelle für die Geschichte des Nationalsozialismus in Hamburg, Archiv Hans Schwarz

Brief von Frederic B. an die Verfasserin, 12.02.1998

Brief von Robert B. an die Verfasserin, 28.03.1998

Brief von Maurice N. an die Verfasserin, 11.02.1998

Brief von Herbert S. an das Landessozialamt, 10.04.1979, Dokumentenhaus Neuengamme

Briefumschlag, adressiert an Willy T./ KZ-Lengerich, Dokumentenhaus Neuengamme

Catalogue of camps and prisons in Germany and german-occupied territories, Sept.1st,1939 – May 8th, 1945, Ist issue,. Hrsg.: International Tracing Service HQ, Arolsen 1949

„Durchführungsbestimmungen für Exekutionen", IMG Bd.XXVIII, Nürnberg 1948, S.44 ff.

Fragebogen des ehemaligen Häftlings Antonin T., Nr.1054, 1986, Dokumentenhaus Neuengamme

Fragebogen des ehemaligen Häftlings Frederic B., Nr.96, 1986, Dokumentenhaus Neuengamme

„Gräberliste für öffentlich gepflegte Gräber", aufgestellt am 04.12.1970, Stadt Osnabrück, Heger Friedhofsverwaltung

Interview mit Josef K., in: „Es war Pfingstdienstag 44, als ich nach Lengerich kam" – „Wir in Lengerich", 15.05.1991

Karteikarte Heinz G. und Kopie Häftlingskonto, Staatsarchiv Buchenwald

Karteikarten von Häftlingen mit Transportvermerk, Hauptstaatsarchiv Weimar

Kern, Paul: Un „tobbogan" dans la tourmente en Franche-Comté 1940-1945, Thise/ Besancon 1989

Kern, Paul: Des rives de la Loue à Neuengamme, Arc-et Senans 1967

Kern, Paul: Occupation de la ligne de démarcation sur les rives de Loue – Compiègne – paris – Neuengamme –Les commandos. – N° Mle 30.903, in: les jours de notre mémoire (1940-1945) neuengamme quatre survivants témoigment: paul kern – marcel angles – maurice choquet – pierre brunet, Paris 1975, S. 17-125

Lebenslauf Nikolai S. aus „Lebensläufe": Lebensgeschichtliche Interviews mit Überlebenden des KZ Neuengamme, Hg.: KZ-Gedenkstätte Neuengamme,

Hamburg 1994, S. 259-261 einschließlich Transkription des Interviews (Zugangsnummer 1173), S.1-27.

Meldeblatt Festnahmen, 15.04.1944, 5.Jahrgang, Nr.7. Hrsg.: Staatspolizeileitstelle Breslau

Mündlicher Bericht an die Verfasser, Robert B., September 1999

Mündliche Mitteilung an den Verfasser, Gisela G., Januar/Februar 1991

Mündliche Mitteilung an den Verfasser, Günther L., Januar/Februar 1991

Mündliche Mitteilung an den Verfasser, Ewald N., Januar/Februar 1991

Mündliche Mitteilung an den Verfasser, Elisabeth S., Januar/Februar 1991

Mündliche Mitteilung an den Verfasser, Frieda V., Januar/Februar 1991

„Personalien der in Lengerich verstorbenen und beerdigten russischen Staatsangehörigen (außer den Kriegsgefangenen)", Aufstellung des Standesbeamten der Stadt Lengerich vom 07.02.1946 für den Landrat des Kreises Tecklenburg

Protokoll des Gespräches des Verfassers mit Albert K. vom 08.02.1991

Protokoll des Gespräches des Verfassers mit Ewald N. vom 05.11.1991

Protokoll des Interviews mit Frantisek S. vom 01.05.1997, Interviewer: Nils Harringa und Marc Schemmel. Dolmetscher: Jan Sebesta, Dokumentenhaus Neuengamme

Protokoll des Interviews mit Nikolai S. vom 03.09.1993, Interviewer: Elke Zacharias. Dolmetscher: Klaus Abels, Dokumentenhaus Neuengamme

Vernehmungsniederschrift des Georg A. durch die Bayerische Landespolizei, Landespolizeidirektion Niederbayern/Oberpfalz IIa 1 in Regensburg vom 26.05.1967

Schreiben der Frau B. an den Bürgermeister von Lengerich vom 28.01.1946

SS- Akten Georg J., Berlin Document Center/Bundesarchiv Berlin

SS-Akten Manfred P., Berlin Document Center/Bundesarchiv Berlin

SS-Akten Heinz R., Berlin Document Center/Bundesarchiv Berlin

SS-Akten Eduard W., Berlin Document Center/Bundesarchiv Berlin

SS-Akten Konrad W., Berlin Document Center/Bundesarchiv Berlin

Verfügung des Landrats von Tecklenburg vom 02.01. (sic!)1946

Zitierte Sekundärquellen

Bücher

Das nationalsozialistische Lagersystem. Hrsg.: Martin Weimann, Frankfurt 1990

Fröbe, Rainer et al. : Konzentrationslager in Hannover. KZ-Arbeit und Rüstungsindustrie in der Spätphase des Zweiten Weltkriegs, Teil I + II, Hildesheim 1985

Johe, Werner: Neuengamme. Zur Geschichte der Konzentrationslager in Hamburg, Hamburg 1984

Kaienburg, Hermann: Das Konzentrationslager Neuengamme 1938-1945, Bonn 1997

Kaienburg, Hermann: Vernichtung durch Arbeit. Der Fall Neuengamme, Bonn 1991

Kogon, Eugen: Der SS-Staat. Das System der deutschen Konzentrationslager, München 1979

Milling, Hans-Jürgen: Geschichte der Stadt Lengerich. Bd. 5: Lengerich 1945-1955, Lengerich 1999 (Geschichte der Stadt Lengerich, Bd. 5. Hg.: Stadt Lengerich)

Muncke, Thomas: Nachkriegsjahre im Kreis Steinfurt, Steinfurt 1986 (Schriftenreihe des Kreises Steinfurt. Beiträge zur Geschichte, Kultur und Wirtschaft) Hg.: Kreis Steinfurt

Zeitungsartikel

Schumann, Gert: „Sklavenarbeit für den Krieg", Westfälische Nachrichten, 5. April 1985

„Ins Bewußtsein rufen", Westfälische Nachrichten, 19. Februar 1986

„Wer weiß mehr übers KZ?", Wir in Lengerich, 23 Januar 1991

„KZ-Außenlager Neuengamme: Geheimlager A1 war in Lengerich", Wir in Lengerich, 23. Januar 1991

„Geschichtsunterricht für pensionierte Pädagogen", Westfälische Nachrichten, 8. November1995

„Gedenktafel wird enthüllt", Westfälische Nachrichten, 15. Januar 1996

„Erinnerung an die Häftlinge lebt fort", Westfälische Nachrichten, 29. Januar 1996

„Spurensuche in Archiven und staubigen Akten", Westfälische Nachrichten, 4. März 1996

„Brot, Bratwurst, Bouletten 1944 als Bescherung", Westfälische Nachrichten, 24. Dezember 1996

„KZ-Häftling Robert Botte kam zurück", Westfälische Nachrichten, 1. September 1999

Sonstiges

„800 Jahre Lengerich". Plakat zum 800-jährigen Jubiläum. Text vom ehemaligen Bürgermeister Heinrich Hüsemann (1947)

Fotografien

Tunnelinneres kurz nach der Evakuierung, Imperial War Museum London BCE 4182

Tunnel kurz nach der Evakuierung, links im Bild ein britischer Soldat, Imperial War Museum London BCE 4183

Tunnelinneres, links im Vordergrund britischer Soldat vor einer Fräse, Imperial War Museum London BCE 4184

Tunneleingang, vor dem Eingang ein britischer Soldat und ein Jeep, Imperial War Museum London BCE 4185

Aufsicht auf den Weg zum Tunnel, Imperial War Museum London BCE 4186